Indien

Indien

Fotografie
Johannes Scheibner

Text
Edda Neumann und
Michael Neumann-Adrian

Bucher

Inhalt

12 Indien – Einladung ins Unerschöpfliche

- 12 Indienreisen, ganz entspannt
- 15 Indien übergroß: das Land und die Sprachen
- 19 Das grüne Indien
- 22 *Indiens Götter reisen bizarr: Die Götter und ihre «Fahrzeuge»*
- 25 Idyllen und Desaster
- 30 «Der indische Elefant muß sich rasch drehen»
- 34 Kasten – unentbehrlich?
- 36 *Daten und Bilder zur Geschichte*
- 38 Die Frauen – unterdrückt und rechtlos?
- 43 Land der tausend Sonnen
- 45 Wo steht Indien?

Palmengesäumter Strand: Kovalam Beach.

48 Megastadt und Götterberge

- 48 Delhi, das asiatische Rom
- 52 Die Staaten des Nordens: Armut, aber auch Reichtum
- 56 *Für die Familie: der Bund fürs Leben: Familie, Partnerwahl und Kinderwunsch*
- 60 Stätten der Spiritualität: Taj Mahal, Fatehpur Sikri, Amritsar
- 66 Ganga, der Strom der Ströme
- 70 *Rettung einer Raubkatze: «Projekt Tiger»: Die Schutzgebiete für Indiens Fauna*

Das Red Fort in Neu Delhi, im 17. Jahrhundert erbaut.

72 Rajputenpaläste und Karawanenrouten

- 75 So grün kann Rajasthan sein
- 78 *Die Märchenpracht überlebt: Indien und seine Maharajas*
- 81 Die Malschule von Bundi
- 82 Die fabelhafte Pracht der Paläste
- 85 Gujarat: Tempelberge und Gandhi-Gedenken
- 88 *Der lange Weg zur Erlösung: Sadhus – Brahmas Aussteiger*

Auf dem Heimweg vom Pushkar-Fest in Rajasthan.

90 Traumfabrik, Tycoons und Tempelhöhlen

- 92 Indiens berühmtestes Hotel
- 92 Bunte Märkte, Seiden und Juwelen
- 96 *Hollywood in Bombay und Co.*
- 98 Unermeßliches Hinterland
- 100 Wunder der Weltkunst
- 104 *Fest der Sinne: Musik, Tanz und Ritual*

Gut besetzter Bus in der Millionenstadt Kalkutta.

Traditioneller Tanz bei einem Tempelfest in Kochi/Kerala.

106 Buddha und Bengalen, Tee und Urwälder

- 108 Bengalens unmögliche Metropole
- 109 Bihar: Wo Buddha lehrte und Ashoka herrschte
- 110 Orissas Tempel und Strände
- 114 *Gemalte Gebete: Kunst und Kunsthandwerk aus dem Dorf*
- 117 Indiens ferner Osten
- 120 *Von Currys, Dal und Tschapatis: Die indische Küche*

122 Palmenstrände und bunte Götter

- 122 Neue Städtenamen, alte Dynastien
- 125 Riesiger Steingarten: Vijayanagara
- 128 *Heilkunst für Leib und Seele: Ayurveda und mehr Schönheit*
- 131 Die Europäer
- 131 Ein Zwerg neben vier Großen: Goa
- 135 Die vier großen Südstaaten
- 144 *Unterkünfte der nicht alltäglichen Art: Heritage Hotel oder Baumhaus*

In einem der vier Höhlentempel von Badami/Karnataka.

146 Planen, Reisen, Genießen

- 149 *Die rosarote Stadt: Der schönste Spaziergang durch Jaipur*
- 152 *Kultur, Natur und Sandstrandträume: Drei Indienrouten für Genießer*

156 Menschen, Orte, Begriffe

Aufstieg zum Tempelberg von Palitana, Gujarat.

Wild und ausgelassen: das Farbenfest Holi.

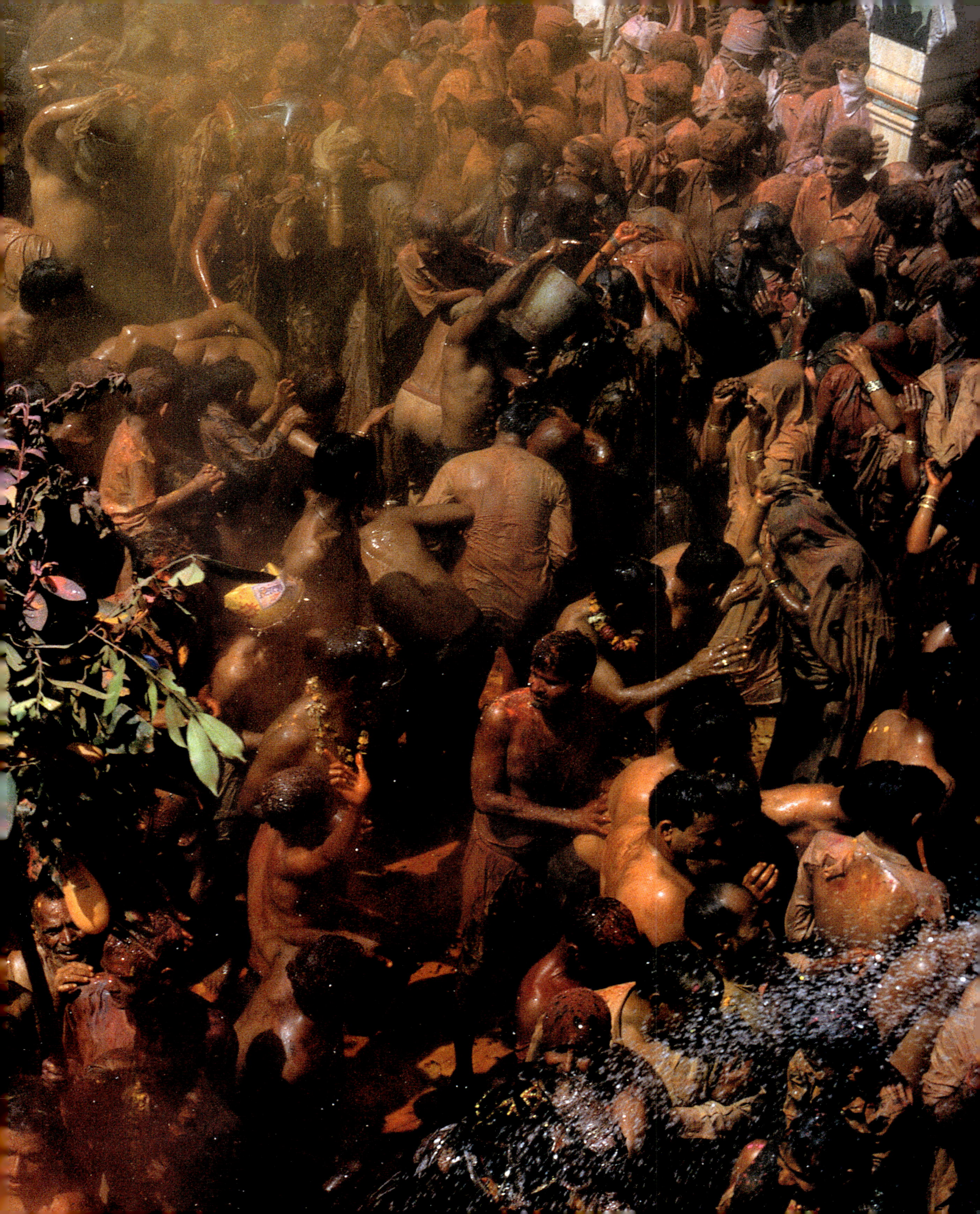

Das Taj Mahal in Agra, das Grabmal mit Weltwunderqualität, von Legenden der Liebe umwoben. 20 000 Menschen ließ der Mogulkaiser Sha Jahan 22 Jahre lang arbeiten, heißt es, bis alle Kuppeln und Minarette und der Schmuck aus eingelegten Edelsteinen vollendet waren. Auch die schönsten Schuhe (rechts) dürfen den Marmorboden nicht berühren.

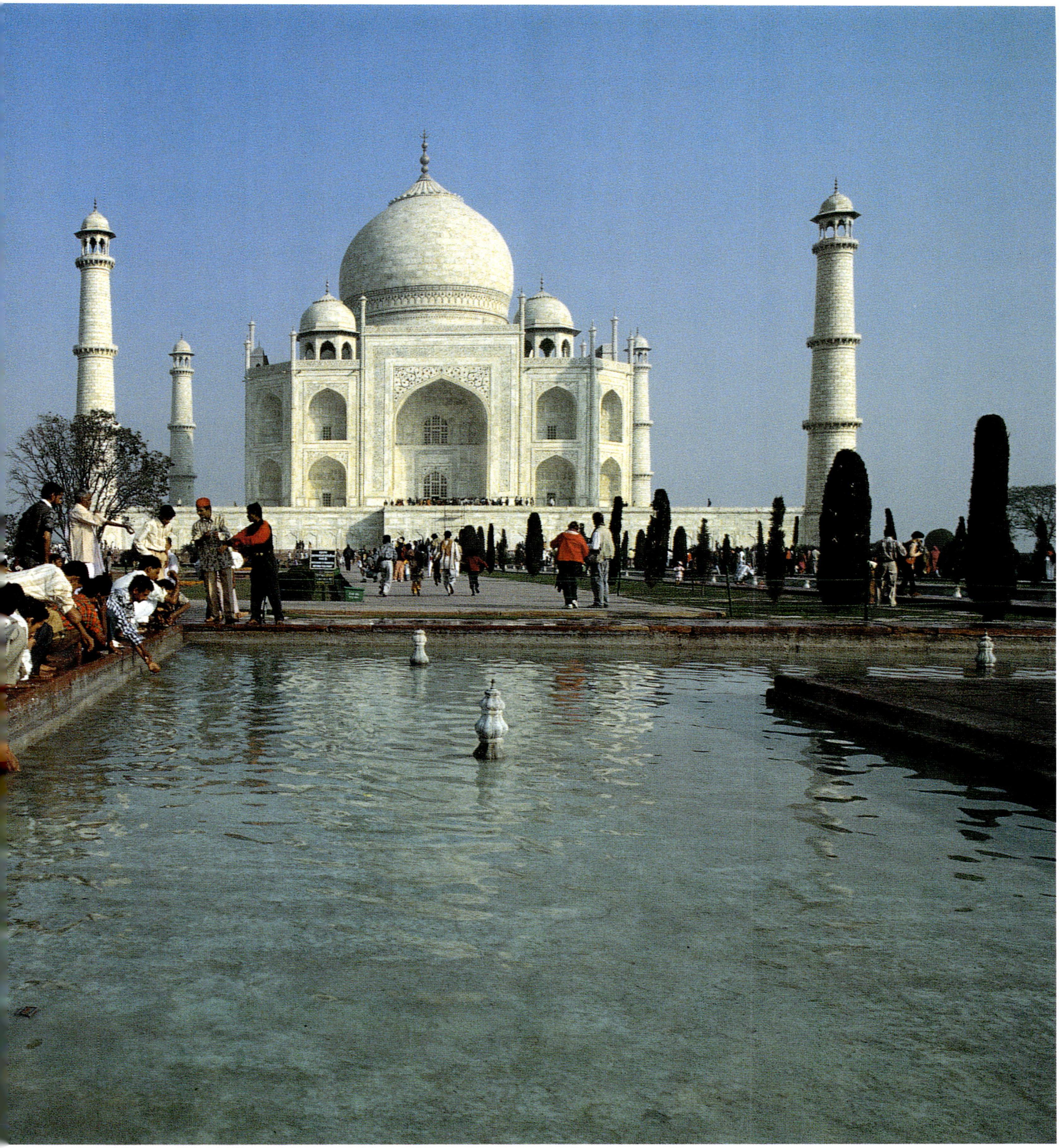

> «Wer einmal nicht nur mit den Augen, sondern mit der Seele in Indien gewesen ist, dem bleibt es ein Heimwehland.»

Hermann Hesse

Majestätische Himalayagipfel, uralte buddhistische Klöster und die lebendige Millionenstadt Delhi – der **Norden** hat viele Gesichter.

Kolonialer Charme und Hochhaustürme: Die Hafenstadt Mumbai/Bombay ist seit Jahrhunderten Indiens Tor zur Welt. Doch bietet Indiens **Mitte** auch Traumstrände, Tempelhöhlen – und die erotischsten Sandsteinfiguren der Welt in Khajuraho.

Im **Westen** gibt es prächtige Maharaja-Paläste, am Rand der großen Wüste orientalisch-märchenhafte Kamelmärkte, und die Frauen tragen hier die leuchtendsten Saris und den üppigsten Schmuck.

Kalkutta ist reich an Menschen, reich an Leben und Kultur. Zum **Osten** gehört auch Orissa mit endlosen Stränden, die dichten Dschungel des Gangesdeltas und Darjeeling, in dessen angenehmem Klima die Teegärten grünen.

Palmengesäumte weiße Sandstrände, das tropische Grün des fruchtbaren Hinterlandes, das Labyrinth der Backwaters, bunte Tempeltürme und Arbeitselefanten: Der **Süden** präsentiert sich tropisch und voller Überraschungen.

Einladung ins Unerschöpfliche

Eines der prächtigsten Feste in Rajasthan ist Jaipurs Elefanten-Festival im März. Die Elefanten, der Stolz indischer Herrscher schon zur Zeit Kaiser Ashokas, bieten nicht nur eine spektakuläre Show, sie sind auch beim Polospiel beteiligt (oben). – So schmückt sich Südindien – zu einem Tempelfest in Kerala (rechts). – Aufs feinste ziselierter Sandsteindekor in Rajasthans Wüstenstadt Jaisalmer (rechte Seite).

Indien lockt und ängstigt. So fremd ist Indien, daß manche lebenslang nicht aufhören, das Land zu erreisen und zu erkunden, so fremd, daß andere aus der westlichen Welt fasziniert sind, und doch davor zurückschrecken, einen Fuß auf indischen Boden zu setzen. Wer hat noch nicht die Geschichte von dem Touristen gehört, der einen Tag nach der Ankunft in Kalkutta seinen Zwei-Wochen-Aufenthalt abbrach und mit der nächsten Maschine nach Europa zurückkehrte, verstört vom Menschengedränge, von Bettlernot und Slum-Elend? Zweitausend Kilometer westlich von Kalkutta lebt Thakur Mahindra Singh, einer der kleineren Rajputen-Adligen, auf Burg Kotri im felsigen Bergland Rajasthans und hat kurz und bündig guten Rat für jeden Indiengast: «No worry, no hurry, no curry» – machen Sie sich keine Sorgen, lassen Sie sich nicht zur Hektik treiben, seien Sie ein wenig vorsichtig mit dem indischen Essen, wenn es scharf gewürzt auf den Tisch kommt! Alles andere wird sich finden. Mahindra Singh ist ein weiser Mann.

Indienreisen, ganz entspannt

Nummer eins, «no worry»: In den Augen der meisten Europäer und Amerikaner ist Indien chaotisch, übervölkert und entsetzlich arm. Die Medien tragen zum Katastrophen-Image bei und bringen aus Indien selten andere Meldungen als über Züge, die verunglücken, über Monsunregen, die ausbleiben, und über junge Frauen, die wegen der Mitgift von Ehemann oder Schwiegermutter umgebracht werden. In Wirklichkeit ist die Rate der Verkehrs-

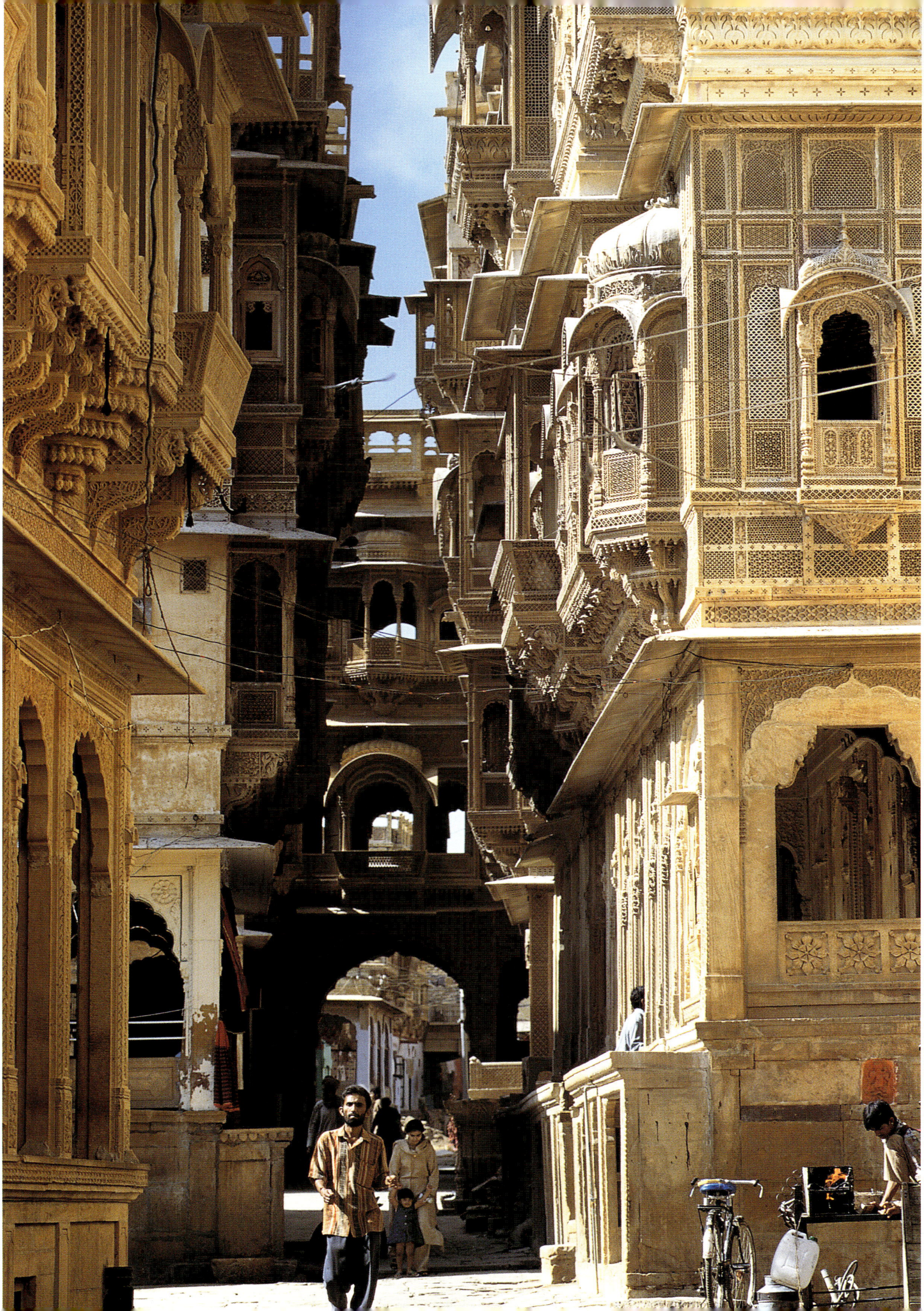

opfer, der Naturkatastrophen und der familiären Gewalttätigkeiten in Indien mitnichten signifikant höher als in mancher anderen gern bereisten Region der Erde. Wer nicht erwartet und darauf beharrt, alles gerade so wie daheim anzutreffen (was sich in keinem Reiseland empfiehlt), sondern sich auf die indische Lebensart einstellt, wird bei jedem Notfall freundliche Hilfe und für alle kleineren oder größeren Probleme eine Lösung finden.

Nummer zwei, das Reisetempo, «no hurry»: Wer sich Zeit nimmt für den Ort, an dem er sich gerade befindet, und für den einzelnen Menschen, reist überall am besten. In Indien gilt das doppelt und dreifach, weil Indien Reiseerlebnisse ermöglicht, die fremdartiger und vielfältiger sind als die jeder anderen Region. Als Student mit dem Rucksack oder als Senior mit Rentnerfreiheit für ein Vierteljahr nach Indien gehen? Ein Traum, der zur wirklichen Indien-Erfahrung werden kann. Wahrscheinlicher ist: Man hat nur vierzehn Tage oder vier Wochen für seine Indienreise. Läßt man sich von einem Reiseveranstalter Tag um Tag durch den halben Subkontinent von einer Drei-Sterne-Sehenswürdigkeit zur nächsten transportieren, erlebt man die große Indien-Show, aber wenig von Indien. Es klingt paradox, trifft aber dennoch zu: Je kleiner der Radius einer Rundreise ist, desto weiter wird sich Indien öffnen.

Last not least «no curry», der Ratschlag zur Ernährung: Weil es so viele Keime in Indien gibt, gegen die der Körper des Besuchers noch keine Abwehr entwickelt hat, sollte man den Magen nicht überlasten und auf scharfe Currys in den ersten Tagen verzichten. «Curry» ist in Indien nicht das nach Europa exportierte gelbe Gewürzpulver, sondern eine aus Gewürzen und Gemüsen gekochte Soße – typisch indisch hat jede Köchin und jeder Koch seine eigene Art, sie zuzubereiten.

Indien übergroß: das Land und die Sprachen

Jeder Gast tut gut daran, sich seinen eigenen ersten Zugang zu diesem Staat der vielen Völker und Stämme, Naturräume und Kulturen zu suchen. Seit dem Sommer 1999 zählt Indien mehr als eine Milliarde Menschen. Sie sprechen mehr als anderthalb Tau-

Nach Schloßherrenart wohnt man in dieser Hausboot-Suite auf Kaschmirs traumhaftem Dal-See (oben). – Das «Begrüßungskomitee» heißt den Gast mit Blumenketten willkommen (rechts). Einzigartig sind die Farben und Muster Indiens – hier auf einer Kunsthandwerksausstellung in der Kutch-Region (links).

Keralas Schlangenboot-Rennen: üppig bunt, mit bis zu hundert Ruderern je Langboot und abertausend Zuschauern (unten). Um den «Nehru Cup» wird bei Alappuzha (Alleppey) gerudert.

Als schönste Strände Keralas gelten die Buchten von Kovalam mit ihrem dichten Gürtel aus Palmgrün über dem Sand (rechte Seite). Aber Keralas lange Küste lockt auch noch weiter nördlich.

send verschiedene Sprachen und Dialekte – die Wissenschaft streitet darüber, wieviele genau. Immerhin 18 Sprachen sind in der Verfassung offiziell anerkannt (siehe Seite 147).

So ist auch die indische Literatur eine Literatur der vielen Sprachen. Trotzdem gibt es das Bewußtsein von einer gemeinsamen indischen Literatur: Die Gemeinsamkeit des Empfindens und der hinduistischen Vorstellungswelt eint über die sprachlichen Unterschiede hinweg. Von den zweieinhalbtausend Jahre alten Götterlegenden des Ramayana und Mahabharata fühlen sich Inder aus allen Teilen des Subkontinents angerührt. Diese Weisheitsbücher des Hinduismus – mit dem Kernstück der Bhagavadgita im mehr als 106 000 Doppelverse umfassenden Epos Mahabharata – werden in einem Land mit immer noch sehr hohen Analphabetenraten nicht von allen gelesen. Nahezu jeder aber kennt ihre Erzählungen von Shiva und Lakshmi, von Krishna und Rama, von wilden Dämonen, von der schönen Parvati und von dem allgeliebten Ganesha, dem Shiva-Sohn mit dem Elefantenkopf, der für Glück und Reichtum zuständig ist.

Über 3200 Kilometer weit streckt sich das Staatsgebiet von Kaschmir bis zum Kap Kanyakumari am Südpunkt des Subkontinents, und fast ebenso groß ist die West-Ost-Ausdehnung. Dschungel, Wüsten und Schneegebirge, Steppen, Palmwälder und fruchtbares Grünland füllen das riesige Hinterland zwischen Himalaya, Arabischem Meer und Indischem Ozean. Dieses Land ist rund neunmal so groß wie die Bundesrepublik Deutschland und auch weitaus größer als die zusammengefaßten Staatsgebiete der gegenwärtigen Europäischen Union.

Rund 25 Städte mit jeweils über einer Million Einwohner legen die Vermutung nahe, daß Indien rasch verstädtert. Aber das Gegenteil ist wahr: Noch immer ist die indische Gesellschaft überwiegend dörflich geprägt, und annähernd zwei Drittel der Bevölkerung leben auf dem Lande. Extrem sind die Unterschiede des Lebensstandards von Region zu Region.

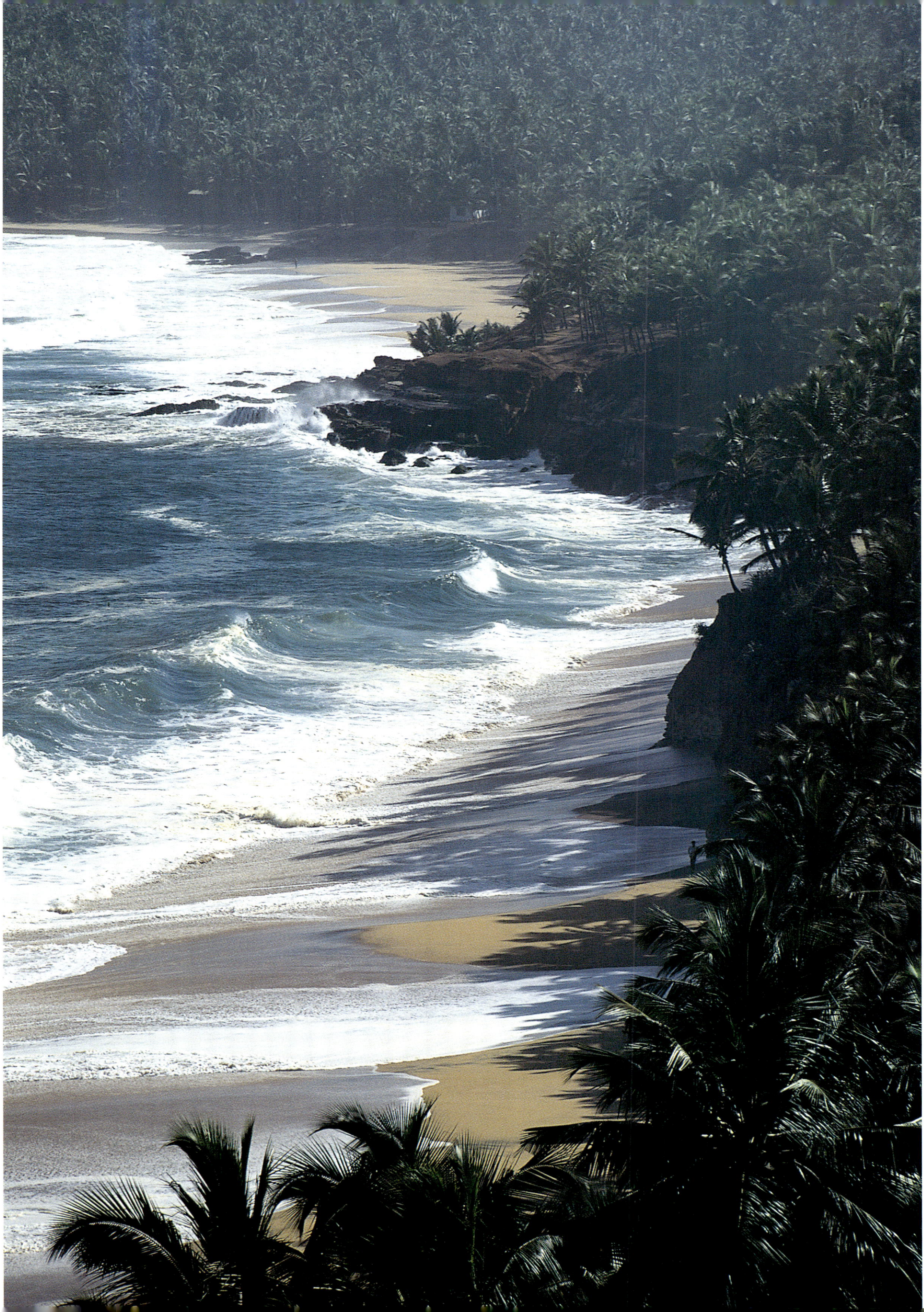

Alltagsleben, das ohne moderne Technik auskommt! Chinesischen Vorbildern abgeschaut: die Fischernetze in Kerala (oben), uralte Techniken sind das Korbflechten (rechts) und das Getreideworfeln (rechte Seite oben).– Auf dem Weg zum Markt (rechte Seite unten).

In Indiens menschenreichstem Bundesstaat, in Uttar Pradesh im Norden, müssen immer mehr Landarbeiter zu Billigstlöhnen auf die Äcker gehen, die Übervölkerung treibt die Menschen in die Armut. Frauen sind mit riesigen Reisigbündeln oder dem Wasserkrug auf dem Kopf kilometerweit unterwegs, um die täglichen Mahlzeiten kochen zu können. In Kerala im Süden ist der Anteil der Landwirtschaft gleichfalls groß, und es mangelt an Industriearbeitsplätzen. Doch trotz hoher Bevölkerungsdichte hat sich die Arbeitsproduktivität so entwickelt, daß krasse Armut selten geworden ist. Wie sich das erklärt? In Kerala haben Männer wie Frauen nahezu sämtlich mindestens die Grundschule besucht, nur etwa jeder zehnte kann nicht schreiben und lesen. Solche Bildungsraten nähern sich denen europäischer Länder an.

Das grüne Indien

An der rund 7500 Kilometer langen Küste locken einige der berühmtesten Badestrände der Erde – und andere, an denen man noch kaum ein Hotel entdeckt. Indiens Dschungel laden in den Nationalparks und «Wildlife Sanctuaries» zu friedlichen Begegnungen mit Elefanten, Tigern und Nashörnern. Mit ihrem Reichtum an Pflanzen und Tieren stellen die Naturreservate eine unschätzbare Genbank dar. Exakt dies zu schaffen war – neben der touristischen Attraktivität – auch die Absicht der Naturschützer, die zu Anfang der siebziger Jahre des 20. Jahrhunderts unter dem Namen «Project Tiger» spezielle Tigerreservate gründeten.

Fortsetzung Seite 24

Alle zwölf Jahre strömen Millionen von Hindus zum größten Pilgerfest Indiens, zur Kumbh Mela in Haridwar am Ganges, wo Vishnu und Shiva verehrt werden (rechts). – Schlangensymbol («Naga») mit fünf Kobraköpfen als Torwache (oben).

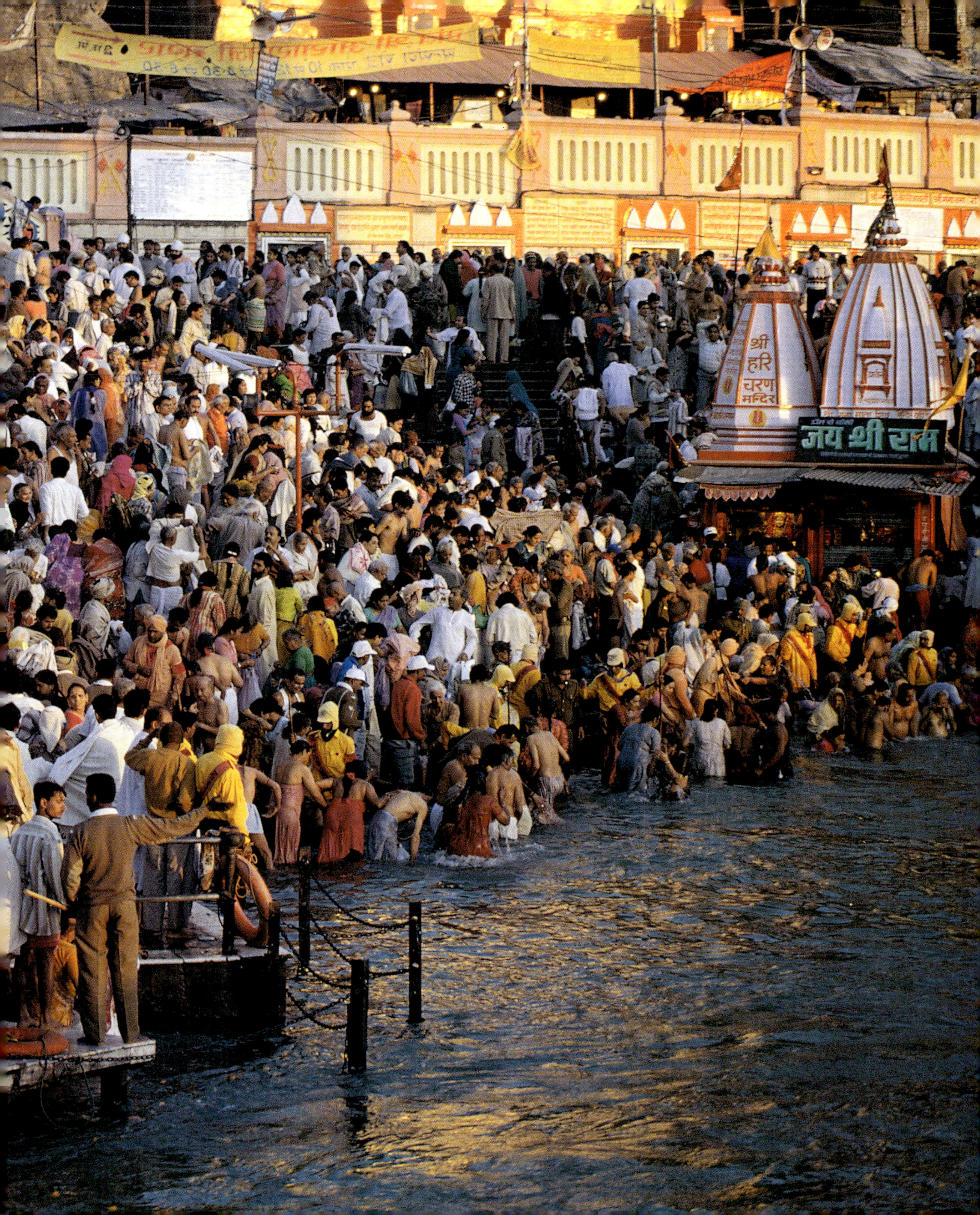
श्री
हरि
चरण
मन्दिर
जय श्री राम

Indiens Götter reisen bizarr

Die Götter und ihre «Fahrzeuge»

1 Ein buntes dörfliches Götterzelt für Sarasvati, die Gemahlin Brahmas: Ihr «Fahrzeug» ist darum auch Brahmas Schwan. Kali oder Durga (2, 3 und 6), mit der Totenkopfkette und auf einem Tiger reitend.

Wenn man sich in Europa mit den indischen Religionen beschäftigt, unterscheidet man zwischen Hindus, Buddhisten, Sikhs und Jains (neben ihnen noch Muslime, Christen und die animistischen Religionen der Adivasis). In der indischen Verfassung steht es anders: Alle in Indien entstandenen Religionen gehören zum Hinduismus. Und was die Europäer Hinduismus nennen, ist keine hierarchische Religion wie etwa der Katholizismus mit der obersten Autorität des Papstes. Der Hindu geht in den Tempel, aber er kann auch alleine Gottesdienst feiern. Vielgestaltig koexistieren im Hinduismus die Anhänger von Shiva und Vishnu, im Shivaismus und Vishnuismus, mit verschiedenen Ursprüngen, heiligen Schriften und Riten. In Indien kann man Geschäftsleute treffen, die einem beiläufig anvertrauen, sie läsen jeden Morgen zwischen 5 und 7 Uhr in den heiligen Veden. Kaum ein anderes großes Land der Erde ist religiös so produktiv gewesen wie Indien, in kaum einem anderen Land der Welt

4 Der Nandi-Bulle trägt Shiva und seine Gemahlin Parvati.
5 Malerei des 20. Jahrhunderts in Shekawati, dem Land der «gemalten Städte»: Auch Götter benutzen das Automobil.

meditieren so viele Menschen über religiöse Fragen.

Für den einfachen Hindu-Gläubigen ist seine Götterwelt von enorm prägnanter Anschaulichkeit, von einer Anschaulichkeit, die aus seinem eigenen bäuerlichen Lebenskreis kommt und übrigens auch immer das männliche mit dem weiblichen Element verbindet. Als anderes Element kommt das magische hinzu, zum Beispiel in der Allgegenwart der Götter. Womit bewerkstelligen die Götter es, so rasch überall zu sein? Mit ihren sogenannten Fahrzeugen, und das sind Tiere, die jeder kennt: Shiva reitet auf dem Nandi-Büffelstier, der groß vor seinen Tempeln wacht. Seine Gattin, die schöne Parvati (oder Uma), hat auch ihre dunkle, zerstörerische Seite, dann heißt sie Durga oder Kali und reitet mit einer Kette von Totenköpfen auf einem Tiger. Ganesha, der Shiva-Sohn, dem sein eifersüchtiger Vater den Kopf abschlug, weil er ihn als Verehrer Parvatis verdächtigte, und ihm dann einen Elefantenkopf aufsetzte, weil kein anderer zur Hand war – gerade dieser göttliche Unglücksknabe wurde zum Spender von Glück und Reichtum. Sein Fahrzeug: die Ratte. So surreal kann die Hindugötterwelt sein.

Das «grüne Indien» war zu Zeiten der britischen Herrschaft vor allem ein Revier der Großwildjäger. Ihre Trophäen füllen noch immer ganze Trakte von Maharaja-Palästen. Tigerfelle und Stoßzähne erinnern an die vergleichbaren Jagdgewohnheiten, denen europäische Adelsherren generationenlang frönten. Heute sind es vor allem Wilderer, die im Auftrag dubioser Händler Jagd auf Indiens Tiger machen, weil Chinesen und Japaner Höchstpreise für vermeintlich heilkräftige Tigerknochen zahlen.

Rundfahrten im Jeep oder – seltener angeboten – Fußwanderungen durch Tiger-Sanctuaries haben noch immer ihren Reiz. Selbst wenn die Führer am Ende der Tour einräumen müssen, daß der Tiger diesmal doch andere Wege gegangen sei. Vielleicht hat man stattdessen nach Indianerart, wenn auch mit Kameras beladen, das Anschleichen an eine kleine Elefantenherde üben können. Auch da kommt Spannung auf, wenn nur ein paar

Europas Auto- und Straßenbauingenieure haben dem Fernverkehr die Gemächlichkeit gründlich ausgetrieben, aber in Indien ist sie noch heimisch – Fußgänger passen ins Bild und Tiere auch. «Speed thrills, but kills» wird gewarnt und kein Tiger in den Tank gepackt.

Büsche zwischen den grauen Riesen und der kleinen Menschengruppe Deckung geben, Zweige unter den Stiefeln knacken und die Elefantenohren sich aufstellen. Waffen pflegen die Wildhüter nicht zu tragen, wenn sie Touristen führen.

Landschaften in ursprünglicher Schönheit zu erleben – das wird für viele ein immer stärkeres Motiv für die Indienreise. Ob die Bergtour in Sikkim, mit immer neuen Ausblicken auf die nahen Himalayagipfel, ob das grüne, fast überall ländliche Himachal Pradesh nördlich von Delhi, ob die Kamelsafari in der Wüste Thar oder eine Reitertour durch Rajasthans schönste Hügel – mit immer neuen Gesichtern zeigt Indien die Vielfalt seiner Regionen, läßt Hitze, tropische Fruchtbarkeit, Flußtäler und sonnengedörrte Felsgebirge erleben oder auch die Schneegrate in den Höhenlagen des höchsten Gebirges der Erde. In Jahren immer neuen Reisens ist dieser Reichtum nicht auszuschöpfen.

Noch beginnt dieser ländliche Tourismus erst, nachdem über viele Jahrzehnte hinweg vor allem die hochberühmten Tempel und Pilgerziele von Hindus und Jains, Sikhs und Buddhisten, dazu Moscheen und christliche Kirchen, Maharaja-Paläste und pittoreske Städte die Reiseprogramme füllten und Indiens Natur nur auf kurzen Abstechern wahrgenommen wurde.

Idyllen und Desaster

Schon zur Zeit der feudalen Großwildjagden gab es die Exkursionen in die gestalteten und genutzten Landschaften, zum Beispiel in die Teegärten um Darjeeling im Norden und in den Nilgiris im Süden. Erst vor einigen Jahren kamen die Bootsfahrten durch die «Backwaters» von Kerala auf. Sie sind so beliebt, weil dies eine der besten Arten ist, Indien beschaulich zu erleben: im Dahin-

1 Lastenkulis mit Karren (Fotografie um 1864). – 2 Porträt einer Tänzerin (Fotografie um 1865). 3 Schlangenbeschwörer (Fotografie um 1865).

5

4 Skulpturen an der Fassade des Rankganatha-Tempels, Trichinopoly (Fotografie 1869). – 5 Der Maharaja Raghuraj von Rewah und sein Hofstaat (Fotografie um 1870). – 6 Eine Elefantenprozession beim Überqueren der Afzul Gury Brücke in Hyderabad (Fotografie von Lala Deen Dayal, Fotograf seiner Hoheit des Nizam, 1889).

6

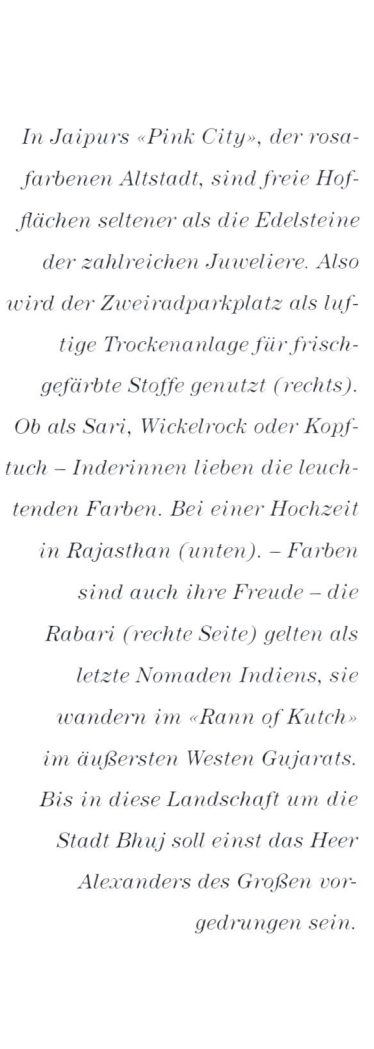

In Jaipurs «Pink City», der rosafarbenen Altstadt, sind freie Hofflächen seltener als die Edelsteine der zahlreichen Juweliere. Also wird der Zweiradparkplatz als luftige Trockenanlage für frischgefärbte Stoffe genutzt (rechts). Ob als Sari, Wickelrock oder Kopftuch – Inderinnen lieben die leuchtenden Farben. Bei einer Hochzeit in Rajasthan (unten). – Farben sind auch ihre Freude – die Rabari (rechte Seite) gelten als letzte Nomaden Indiens, sie wandern im «Rann of Kutch» im äußersten Westen Gujarats. Bis in diese Landschaft um die Stadt Bhuj soll einst das Heer Alexanders des Großen vorgedrungen sein.

Der Sari

Die Farben der wundervollen Seiden, aber auch Baumwolle und Kunstfasern leuchten – man weiß nicht, ob schöner in der Wüstenluft Rajasthans oder im grünen Tropenland. Goldene und silberne Säume glänzen in der Sonne, kostbare Farbmuster und noble Schlichtheit konkurrieren. Viele Inderinnen kleiden sich westlich, aber der Sari wird noch immer getragen. Sechs oder mehr Meter lang, wird die Seide um die Hüfte geschlungen, in Falten gelegt, und ganz ohne Nadeln festgesteckt. Das Ende hängt über die Schulter oder umhüllt den Kopf.

bar machen soll, aber unzählige Dorfbewohner ins soziale Desaster stürzen könnte. Weil ihre Umsiedlung nicht einmal auf dem Papier vorbereitet ist, weil Versumpfung und Versalzung des Ackerlandes drohen und die Malaria sich wieder ausbreitet, machten Umweltschützer und Bürgerrechtler in Indien und aus aller Welt gegen den Plan mobil. Tatsächlich wurden die Bauarbeiten per Gerichtsbeschluß gestoppt, und große Industriefirmen und Banken des internationalen Konsortiums, auch deutsche Großunternehmen, sperrten ihre Kredite. Arundhati Roy, die durch ihren Roman «Der Gott der kleinen Dinge» weltweit bekannt wurde, ist Wortführerin des Protests. Ihr Widerstand ist ein Beispiel für zwei noch wenig beachtete Entwicklungen in Indien. Die eine heißt: Die Stunde der indischen Frauen kommt. Nicht nur in den Städten, sondern gerade auch in den Dörfern sind es immer wieder die Frauen, die mit eigenen Initiativen und mühsam erkämpften Bankkrediten Wege aus der Armut bahnen. Die zweite Entwicklung: Indien tritt aus den Jahrzehnten des Neubeginns als unabhängiger Staat heraus und beginnt eine neue Ära.

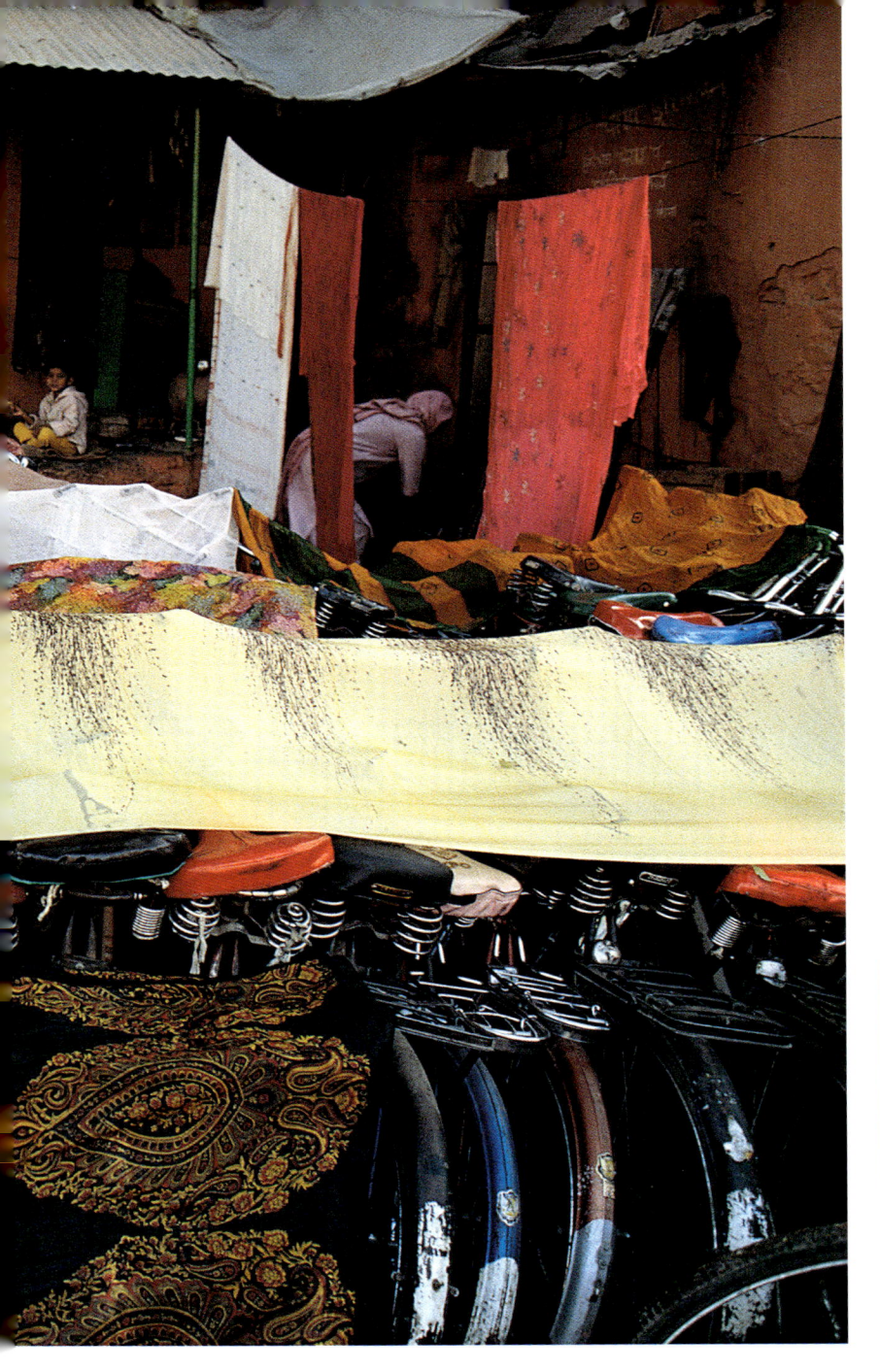

gleiten zwischen palmengesäumten Ufern und traditionellen Dörfern, auf Booten, die nach jahrhundertealtem Muster aus Holz, Bambus und Flechtmatten gebaut und mit angemessenem, noch naturnahem Komfort ausgestattet sind, einer Küche, Beleuchtung zur Nacht und einem Moskitonetz für den ungestörten Schlaf.

Naturschutz ist in Indien nicht neu, aber neu ist die Lautstärke des Protests gegen rigorose Eingriffe in das natürliche Gleichgewicht. Indien ist ein Land der Staudämme geworden, rund 3600 große Dämme wurden gebaut, und viele sind unentbehrlich zur Abwehr von Flutkatastrophen, zur Bewässerung von Dürregebieten und zur Energiegewinnung. Die «Tempel des modernen Indien» hat sie Nehru in den fünfziger Jahren genannt. Um so heftiger umstritten ist im Lauf der letzten Jahre das Narmada-Projekt in Madhya Pradesh, Maharashtra und Gujarat, das den 1300 Kilometer langen Fluß Narmada mit Staudämmen nutz-

«Der indische Elefant muß sich rasch drehen»

Fragt man in Indien nach dem für das Land wichtigsten Datum in der jüngeren Vergangenheit, bekommt man immer wieder die Antwort: der 21. Juni 1991. Es ist der Tag, an dem die Regierung die Wirtschaft liberalisierte. Damals wurden der staatsregulierten, vom Wust der Bürokratie bedrängten Wirtschaft neue Möglichkeiten für internationale Kooperation und für die Aufnahme ausländischer Investitionen eröffnet. Seither sind in der indischen Menschenmilliarde die schlummernden Energien wach geworden. «Der in die Sackgasse geratene indische Elefant muß sich rasch drehen, ohne dabei die politische Stabilität zu verlieren», kommentierte Hans Christoph Rieger vom Südasieninstitut der Universität Heidelberg. Noch hat das Handy nicht die Reisschale als wichtigsten Gebrauchsgegenstand ersetzt. Aber schon hat etwa ein Joint-Venture von Daimler-Chrysler und der indischen Tata-Gruppe in Pune im Staat Maharashtra mit der Produktion der E-Klasse für den indischen Markt begonnen.

Das rascheste Wirtschaftswachstum verzeichnet Indien auch auf dem Dienstleistungssektor. Vor Jahrhunderten wurde in Indien das Schachspiel erfunden, das Königsspiel. Tausenden von indischen Software-Spezialisten bringt ihre Begabung für abstraktes Denken und Mathematik heute wichtige Aufträge aus den westlichen Industriestaaten ein. Bei den Programmierern im südindischen Bangalore ist zum Beispiel die Deutsche Lufthansa Kunde, ebenso wie dort und in den Computerzentren von Chennai (Madras) und Hyderabad die Deutsche Bank und Siemens kostengünstig Rechenleistungen einkaufen.

Exzessive Verspätungen, überbuchte oder abgesagte Flüge waren jahrzehntelang ein großes Ärgernis im innerindischen Flugverkehr und haben Abertausenden von Indientouristen die Urlaubsfreude verdorben. Seit den neunziger Jahren muß sich die staatliche Linie «Indian Airlines» mit potenter privater Konkurrenz auseinandersetzen. Die Reaktion darauf ist angemessen: Ebenso wie die internationale «Air India» lassen sich «Indian Airlines» privatisieren. Es ist durchaus möglich, daß der europäische Flugverkehr das Verspätungskonto des indischen eines Tages übertreffen wird.

Als wahrscheinlich gilt unterdessen bei der Weltbank, daß Indien um 2020 der Kaufkraft nach zu der weltweit viertgrößten Wirtschaftsmacht aufsteigt, und dies dank einer Mittelstands-

Triumph des Ornaments am Patwon ki Haveli in Jaisalmer (oben). Auf den trutzigen Mauern von Jodhpurs Fort thronen luftige Hallen (links). – Gemalte Blütenranken und Umarmungen an den Wänden des «Nemani Haveli» in dem kleinen Ort Churi Ayitghar im Shekawati-Land in Nord-Rajasthan (rechte Seite).

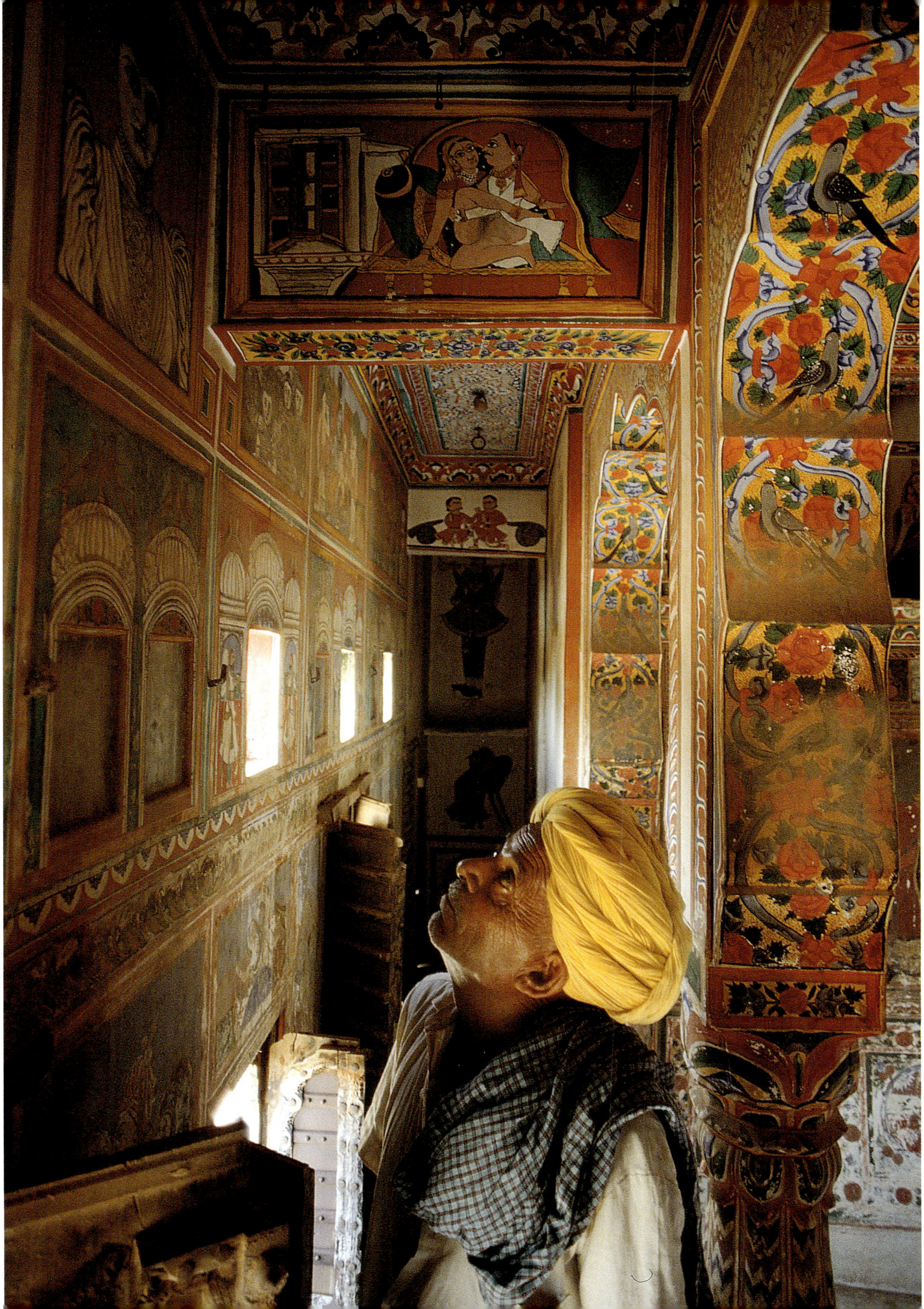

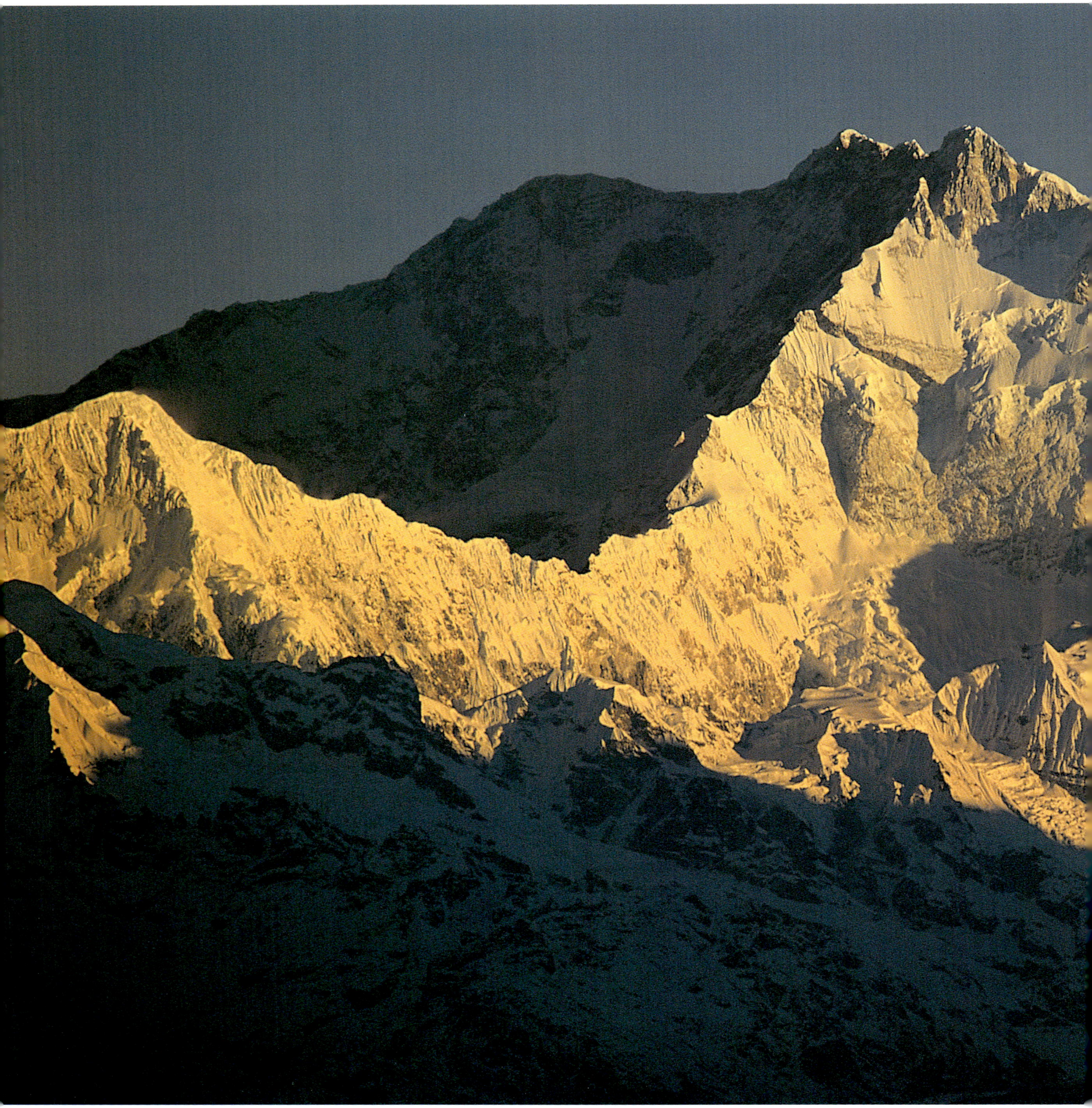

Ein grandioses Göttergebirge, ragt der 8598 Meter hohe Kanchenjunga über den Laub- und Nadelwäldern Sikkims auf, das erst 1975 zu Indien kam (links). – Hier wie in Ladakh ist der lamaistische Buddhismus verbreitet (unten). In den «Gebetsmühlen» sollen Gebete auf Papierstreifen durch Bewegung aktiviert werden (oben).

schicht, die rund 250 bis 300 Millionen Bürger umfaßt. Asienbeobachter sehen Indien im Vergleich mit China und Japan als aussichtsreichsten Anwärter auf den Spitzenplatz in der asiatischen Wirtschaft. Denn China und Japan bauen wie in den siebziger Jahren immer noch auf die konfuzianischen Tugenden der Disziplin, des Gehorsams, der Unterordnung und Pünktlichkeit. Diese seien natürlich nützlich, sagen die Fachleute, aber entscheidend seien in der globalisierten Wirtschaft Ideenreichtum, Flexibilität und Sprachenkenntnis. Solche Fähigkeiten sind im viel stärker individualistischen Indien weitaus verbreiteter.

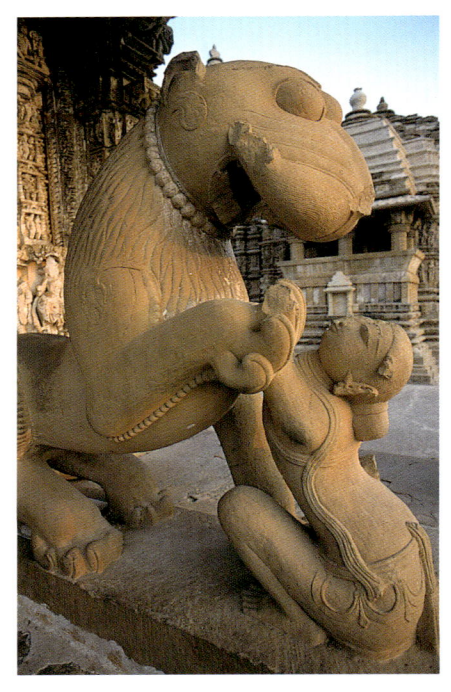

All das schließt nicht aus, daß die gern zitierten Kontraste von Atomkraftwerk und Ochsenkarren weiterhin nebeneinander existieren. Man sieht den Ochsen, der am Feld den Göpel dreht, um das Wasser herauszupumpen. Man sieht den Bauern, der das Ochsenpaar eine Hügelschräge hinauftreibt, um Wasser zu fördern, wieder hinunter und wieder hinauf, stunden- und tagelang. Doch das einstige Hungerland hat an der globalen «grünen Revolution» teilgehabt, hat die Erträge gesteigert und fährt heute landwirtschaftliche Überschüsse ein, Reis und Weizen, Ölsaaten, Baumwolle, Tee und Kaffee. Gerade angesichts dieser Erfolge fragen Menschen im Westen, wieviele seiner jahrtausendealten hinduistischen Lebensformen Indien künftig beibehalten will.

Kasten – unentbehrlich?

Zum Beispiel die Kasten. Ohne sehr lange in Indien zu leben, durchschaut niemand ganz, was die Zugehörigkeit zu einer Kaste bedeutet. Mit der aus den heiligen Veden überlieferten Einteilung hat das heutige System nur noch wenig zu tun. Ursprünglich hieß die Kaste «varna» (Farbe) – vermutlich mit Bezug auf rituelle Gewänder –, und es gab nur vier verschiedene: die Brahmanen, den Priester- und Gelehrtenstand, die Kshatryas, die Krieger und Gutsherren, die Vaishyas, Bauern und Händler, und viertens die Shudras, Handlanger und Hilfskräfte. Wie das Beispiel Kaiser Ashokas zeigt, der der Shudra-Kaste angehörte, ist auf Logik und Systematik nicht zu pochen. Später kam die verwirrend vieldeutige Bezeichnung «Jati» auf, die heute für die Berufsgruppen und deren Untergruppen gebraucht wird. Es soll rund 3000 Jatis geben. Ganze Hierarchien der Berufe gliedern sich großenteils nach Reinheitsvorschriften, bei denen der Begriff des Unberührbaren ein dramatisches Gewicht hat.

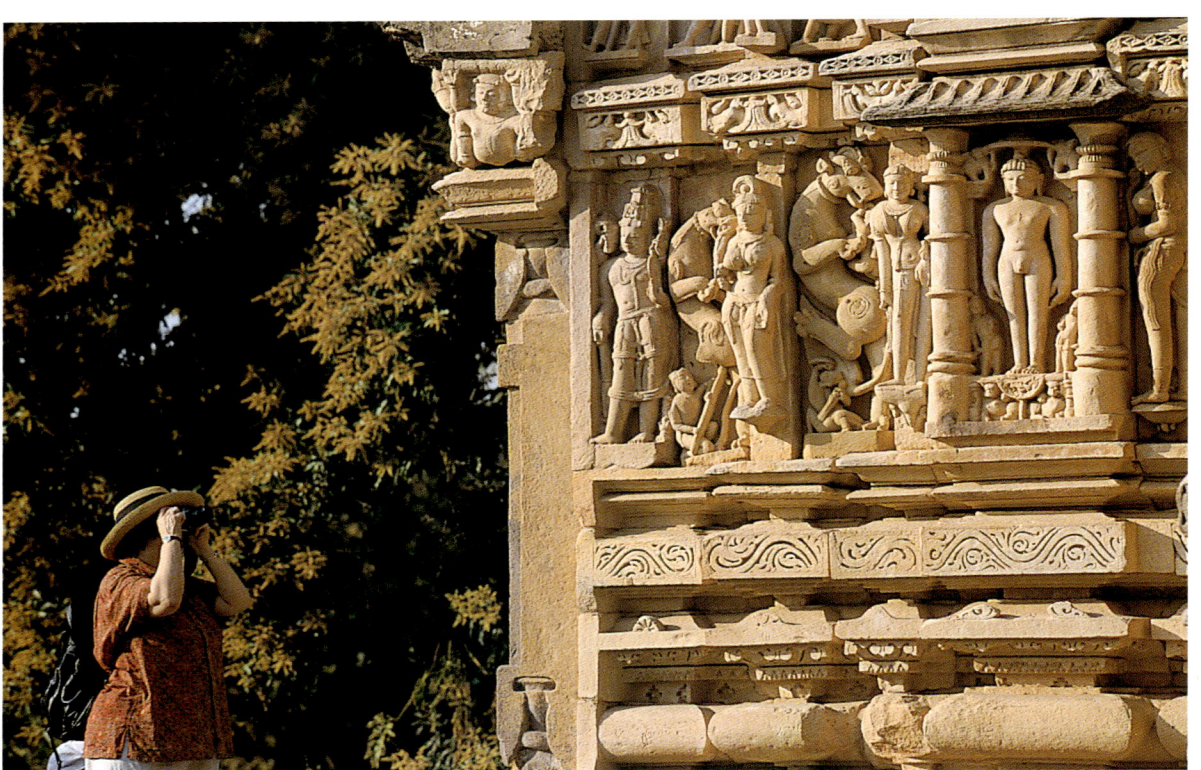

Der Reichtum der indischen Tempelskulpturen wie diese Shardula-Statue (rechts) und die Außenskulpturen des Parsranath-Tempels (unten) bleibt dank der tropischen Temperaturen lange erhalten. Verehrung der freundlich blickenden Skulpturen im Ganesh-Tempel, Trivandrum (rechte Seite oben). – Das Lächeln indischer Gesichter! Der alte Dörfler ist wohl ebenso wie die reichgeschmückte junge Frau in Rajasthan zu Hause (rechte Seite unten).

Helfer der Unberührbaren

Nach dem Buchstaben des Gesetzes ist es in Indien seit 1951 unter Strafe gestellt, sogenannte Unberührbare, Angehörige niederer Kasten, und «Adivasis», kastenlose Ureinwohner, zu benachteiligen oder sie beispielsweise daran zu hindern, sich Brunnen oder Tempeln auch nur zu nähern. Denn noch immer achten viele Inder höherer Kasten streng darauf, nicht durch Umgang mit Angehörigen niederer Kasten oder gar mit Kastenlosen unrein zu werden. Wie kaum ein anderer hat sich Bhimrao Ramji Ambedkar für diese sozial Benachteiligten eingesetzt. Ambedkar, der 1891 in Bombay in eine untere Kaste geboren wurde, stieg zum Minister auf und wurde einer der Väter der Verfassung. Rigoroser noch als Gandhi, brach Ambedkar mit dem Hinduismus und trat kurz vor seinem Tode 1956 mit mehr als einer halben Million seiner Anhänger zum Buddhismus über. Nur dort fand er Freiheit vom Kastendenken.

Etwa jeder sechste Inder zählt zu den «Unberührbaren», den Pariahs, die sich selbst Dalits nennen, zu deutsch «die Gebrochenen, Zertretenen». Gandhi sprach von ihnen als Harijans (Leute Gottes), heute werden sie zu den «scheduled castes», den registrierten Kasten, gerechnet. Weitere 7 bis 8 Prozent gehören den «scheduled tribes» an, den Adivasis (Ureinwohner). Manche von ihnen leben noch als Sammler und Jäger, andere vom Wanderfeldbau. Die Republik Indien garantiert seit Jahrzehnten diesen benachteiligten Gruppen Quoten bei Stellenausschreibungen und Ausbildungsförderungen. Mit Erfolgen bis zur Spitze: Ein «Unberührbarer», Kocheril Raman Narayanan, wurde 1997 Indiens Staatspräsident. Offen bleibt die zentrale Frage: Werden in

Daten und Bilder zur Geschichte

1 Indira Gandhi, Tochter Nehrus, wurde 1966 zum ersten Mal, 1980 zum zweiten Mal Premierministerin (Foto von 1981). – 2 Die Titelseite des Magazins «Graphic» vom 8. November 1875 zeigt den Prinzen von Wales auf seiner Indienreise. – 3 Im Oktober 1999 wurde Atal Bihari Vajpayee indischer Premierminister.

4 Ahimsa, die Gewaltlosigkeit – mit dem Protestmarsch gegen die britische Salzsteuer bewiesen Gandhi und seine Gefährten die Kraft des waffenlosen Widerstands. – 5 Die Väter der indischen Unabhängigkeit: Gandhi als Idol auf dem Republic Day in Delhi – doch ihm folgen nur noch wenige. 6 Jawaharlal Nehru, Indiens erster Ministerpräsident.

Um 4000 v. Chr. Siedlungen im Industal. Stadtgründung in Rajasthan.

Um 2800 v. Chr. Harappa-Kultur im Industal, mit Landbewässerung und Schrift.

Seit 1300 v. Chr. Aus iranischen und afghanischen Gebieten wandern Aryas (Arier) in Nordindien ein.

Seit 1000 v. Chr. Der Hinduismus und die vier «Kasten» entstehen.

Um 560–480 v.Chr. Buddha (Siddharta Gautama) begründet den Buddhismus, Mahavira den Jainismus, gegen Vielgötterei und Kastenwesen.

327–325 v.Chr. Alexander der Große kommt bis zum Indus.

322–298 v.Chr. Chandragupta begründet die Maurya-Dynastie, das erste nordindische Großreich.

Um 270 v.Chr. Der Maurya-Kaiser Ashoka erweitert das Reich nach Süden, fördert den Buddhismus. Blüte der Kunst.

1.Jh. Der Apostel Thomas soll das Christentum nach Indien gebracht haben.

4.Jh. Das 106 000-Verse-Epos Mahabharata ist vollendet.

4.–8.Jh. Die Gupta-Dynastie beherrscht Nordindien, Kulturblüte. Sanskrit-Dichtungen.

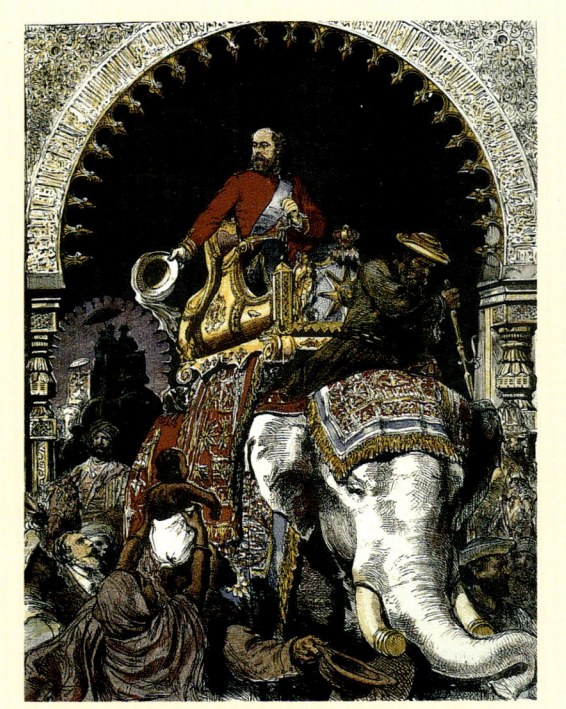

1001-1026 Mahmud Ghazni aus Afghanistan unternimmt Raubzüge nach Indien.

1193 Sieg des Islams: Afghanen erobern Delhi und errichten ein Sultanat.

Um 1250 Sonnentempel von Konarak. Der Mongole Tamerlan (Timur Lenk) erobert weite Teile Nordindiens.

1498 Vasco da Gama erreicht Kalikut und wird Vizekönig des portugiesischen Kolonialreichs in Ostindien.

1526 Babur, ein Nachkomme Tamerlans, begründet in Delhi das Reich der Großmoguln.

1555–1605 Großmogul Akbar der Große beherrscht fast ganz Indien, fördert Künste und Wissenschaften.

1612 Erste britische Niederlassung in Surat (Gujarat).

1627–1658 Großmogul Shah Jahan dehnt das Reich weiter aus. Er baut das Taj Mahal.

1646 Fürst Shivaji kämpft für den Hinduismus gegen den Großmogul Aurangzeb.

1668 Die British East India Company gründet Bombay, 1698 Kalkutta.

1760-1774 Robert Clive und Warren Hastings bauen britischen Besitz in Indien aus.

1829 Die Briten verbieten die Witwenverbrennung (Sati).
1857/58 Der indische Aufstand gegen die Briten wird mit Hilfe britenfreundlicher Fürsten niedergeschlagen. In der erhalten formell gleiche Rechte wie Briten.
1877 Queen Victoria nennt sich «Kaiserin von Indien».
1911 George V. wird Kaiser von Indien, Neu Delhi löst Kalkutta als Hauptstadt von Indien ab.
1920 Mahatma Gandhi ruft zu gewaltlosem Widerstand auf.
1930 Gandhi führt gewaltlosen Protestmarsch gegen das britische Salzmonopol an.
1947 Indien erreicht die Unabhängigkeit, wird aber in den Hindu-Staat Indien und den Muslim-Staat Pakistan aufgeteilt. Ministerpräsident Nehru betreibt eine Politik des blockfreien Neutralismus und forciert die Industrialisierung.
1948 Ein Hindu-Extremist ermordet Gandhi.
1962 Krieg Chinas gegen Indien im Himalaya.
1965/66 Indisch-pakistanischer Krieg um Kaschmir.
1971 Ostpakistan wird nach kurzem Krieg als Staat Bangladesch anerkannt.
1984 Nach einem Sturm indischen Militärs gegen Sikh-Separatisten in Amritsar wird Indira Gandhi von zwei Sikhs ihrer Leibwache ermordet.
1991 Liberalisierung der staatlich dirigierten Wirtschaft und Öffnung für ausländisches Kapital.
1992/93 Religiöse Radikalisierung, Bombenanschläge in Mumbai/Bombay.
1999 Neuer Krieg um Kaschmir wird knapp verhindert. Muslim-Terroristen halten in einem entführten Jet tagelang 150 Geiseln fest.
2000 Erhebliche touristische Investitionen in Hotels und Verkehrsverbindungen.

Der Urwald lebt (oben). Mindestens 4000 Tiger gibt es wieder in den Tigerreservaten (Mitte), und Safaris auf Elefantenrücken sind nicht ungewöhnlich (unten). Um so ungewöhnlicher – und romantisch: die Übernachtung im Baumhaus «Green Magic Nature Resort» (rechts).

Zukunft die Kasten als starres Herrschaftsinstrument mißbraucht oder bleiben sie flexibel genug, um die Harmonisierung der Gesellschaft zu fördern, ihrem eigentlichen Zweck gemäß?

Die Frauen – unterdrückt und rechtlos?

Eine Ministerpräsidentin und eine «Räuberkönigin» gehören zu den bekanntesten Frauen in der noch kurzen Geschichte des unabhängigen Indien. Indira Gandhi, die Tochter Jawaharlal Nehrus, erwies sich als Politikerin von stark ausgeprägtem Machtbewußtsein. Sie setzte zeitweise Bürgerrechte außer Kraft und ließ Oppositionspolitiker inhaftieren, sie strebte für Indien eine nicht nur faktische, sondern offiziell anerkannte Führungsrolle in Südasien an, und sie schreckte nicht davor zurück, den Goldenen Tempel der Sikhs stürmen zu lassen, als sich dort radikale Separatisten eingenistet hatten. Von ihren Hindu-Anhängern wurde Indira Gandhi als eine Inkarnation der starken Göttin Durga gefeiert, von zwei ihrer Sikh-Leibwächter wurde sie im Herbst 1984 getötet.

Phoolan Devi war als Vergewaltigungsopfer Beispiel für die gesellschaftlich und sexuell unterdrückte indische Frau. Als Anführerin einer Männerbande wurde sie zum Schrecken ausbeuterischer Grundherren, verbüßte eine elfjährige Gefängnishaft, holte die versagte Ausbildung nach und wurde ins indische Unterhaus gewählt. Aus eigener Kraft befreite sie sich aus der Opferrolle und übernahm die Verantwortung für ähnlich verfolgte und gedemütigte Frauen.

Nicht etwa fehlende Gesetze sind die Ursache für die noch immer fortdauernden Zurücksetzungen und Leiden vieler indischer Frauen. Schon in den fünfziger Jahren stimmte das Parlament den Gesetzesvorlagen der Regierung Nehru zugunsten der Selbstbestimmung der indischen Frauen zu. Damals wurden Polygamie und Mitgiftzahlungen verboten und die Frauen erbberechtigt. Die Sati – Verbrennung der Witwe auf dem Scheiterhaufen des Gatten – ist bereits seit 1829 verboten.

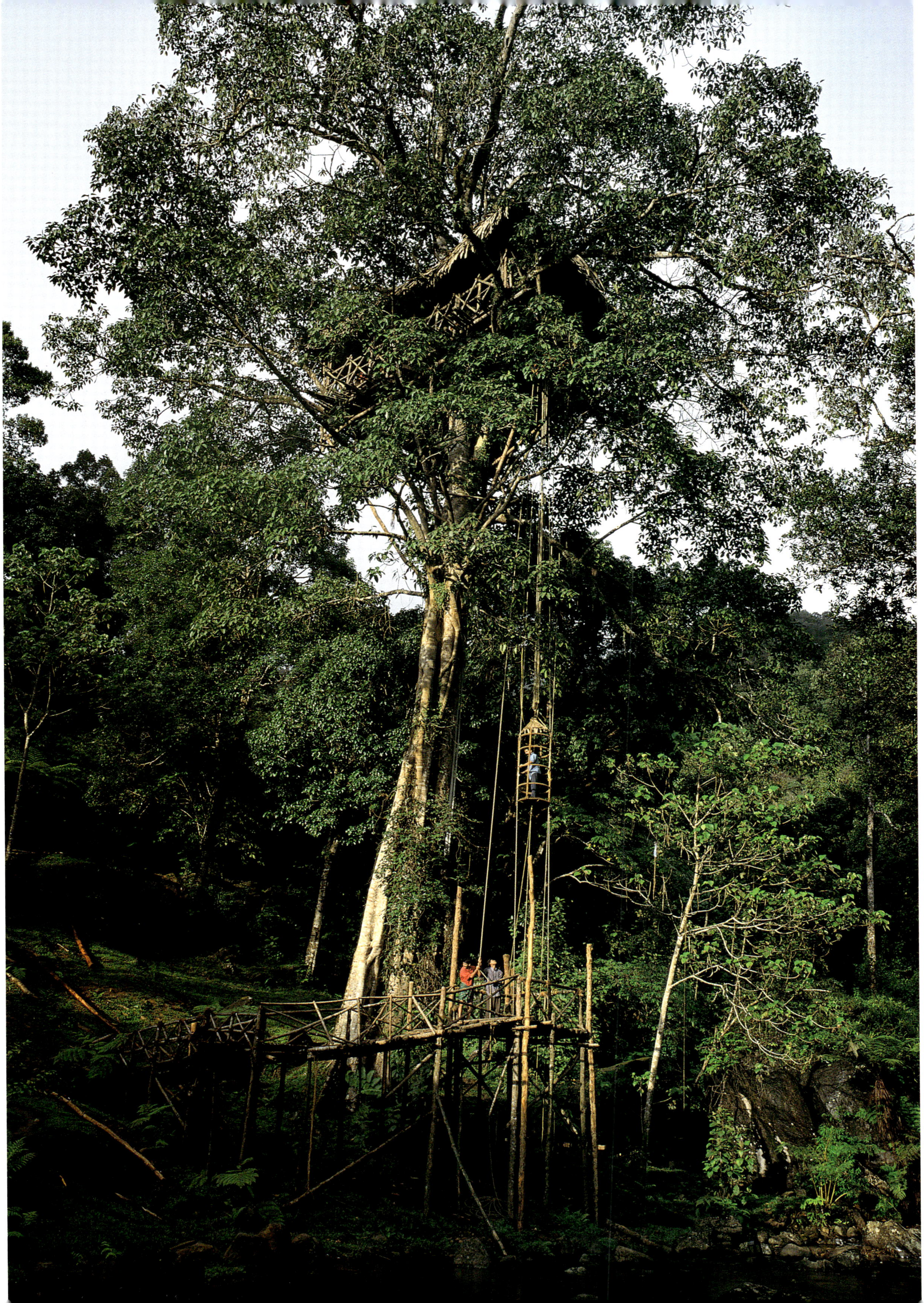

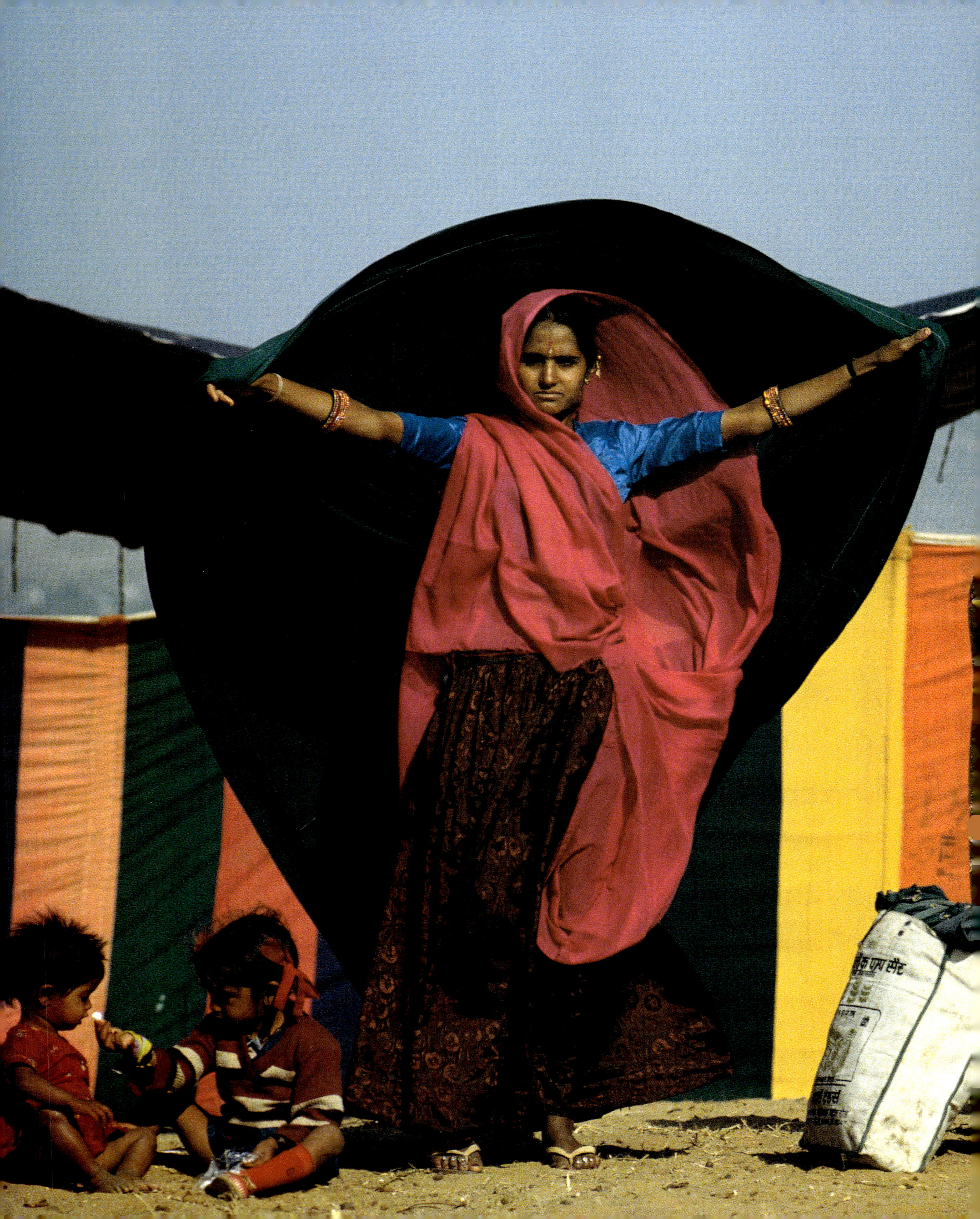

Die Saris werden im Wind getrocknet.

Noch immer werden Tausende von Ungeborenen abgetrieben, weil die Eltern sich einen Sohn wünschen, aber keine Tochter wollen. Noch immer gehen trotz Schulpflicht Millionen von Kindern nicht in die Schule – und in der großen Mehrzahl sind es die Töchter, denen von ihren Eltern der Unterricht vorenthalten wird. Noch immer sterben anders als im Westen indische Frauen früher als indische Männer. Warum? Weil sie schlechter ernährt, ärztlich schlechter versorgt und in den auf dem Lande noch immer sehr früh geschlossenen Ehen von zu vielen, rasch aufeinanderfolgenden Geburten gesundheitlich überfordert werden.

Alte und neue «Götter»-Bilder in Amritsar (links). – Der moderne Wahrsager benutzt imposante Elektronik (unten links). – Ein gelenkiger Gaukler liegt da wie amputiert (oben). – Seiltänzer in Schlips und Kragen (unten).

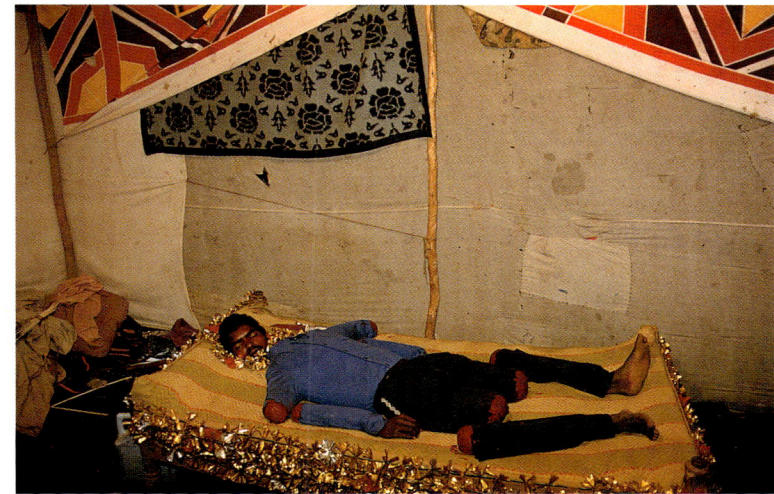

Besser sieht es aus, wenn man nicht nur auf die akuten Benachteiligungen blickt, sondern auf die Veränderungen, die sich in der patriarchalisch geprägten Gesellschaft auszuwirken beginnen. Auch Frauen wird vom Staat eine Quote bei Stellenausschreibungen garantiert. In der indischen Mittelklasse, natürlich vor allem in den Großstädten, üben heute Millionen von gut ausgebildeten Frauen einen qualifizierten Beruf aus, viele machen Karriere. Hausangestellte oder Familienmitglieder sorgen für Haus und Kinder, und insgesamt sind die Familienverhältnisse so stabil, daß Scheidungen – und damit Scheidungswaisen! – sehr selten bleiben. Dies auch dann, wenn Frauen selbst mit ihrem Einkommen für ihren Lebensunterhalt sorgen können und damit vom Mann auch materiell unabhängig sind.

Land der tausend Sonnen

Indien ist ein herrliches Land und dennoch vielerorts voll Not. Aber die Inder lächeln dem Leben zu, auch wenn es ihnen böse mitspielt. Wenn sie keine Arbeit haben, strecken die allermeisten nicht die Bettlerhand aus.

Mumbai, auf trockengelegten Sümpfen angelegt, ist heute die größte und modernste Stadt Indiens (rechts). – Zur Software-Kapitale will Bangalore aufsteigen, die klimatisch angenehme Hauptstadt Karnatakas in Südindien. Schon produziert eine Firma namens «Cybercash» in Büroräumen von demonstrativer Nüchternheit virtuelles Geld (rechts unten). – Nach der Arbeit geht's ins Internet-Café oder in eine Bar, die gestylt ist wie ein Jet (unten). Auf derlei trifft man aber noch längst nicht an jeder Ecke.

In Europa und den anderen reichen Ländern der Welt (die ein wachsendes Heer von Armen und Verarmenden zählen) wird nicht verstanden, wie anders arme Menschen in Indien in einem sozialen Netz ihrer Familien und Nachbarn leben. Ganz anders, als es in diesen reichen Ländern meist den Obdachlosen, den Alkohol- und Drogenkranken mit ihren Verwandten und Freunden geht. Wer in Indien arm ist und nicht (mehr) arbeiten kann oder – am schlimmsten – wer nicht mehr arbeiten kann und aus seinem Familienverband herausgerissen in der Großstadt gelandet ist, erhält in der Regel Nahrungszuteilung aus öffentlichen Mitteln. Dazu gehören etwa behinderte Kinder, Leprakranke und vor allem das Heer der von der Familie verstoßenen Witwen. Wer dagegen arbeiten kann, sucht sich in der Regel auch eine Beschäftigung – und wenn er an der Verkehrsampel beim Rotsignal zwischen die haltenden Autos springt und die Scheiben zu putzen beginnt, vielleicht für ein paar kleine Münzen. «Es gibt immer tausend Sonnen hinter den Wolken», sagt ein Sprichwort in Indien.

Der Franzose Dominique Lapierre, der mit seinem amerikanischen Freund Larry Collins einige der bewegendsten Buchreportagen über die großen Wendepunkte des 20. Jahrhunderts geschrieben hat, gab nach diesem Sprichwort seinem jüngsten Buch den Titel. Das Thema von «A Thousand Suns» ist die Armut in Indien. Zuvor hatten Collins und Lapierre «Freedom at Midnight» über Indiens Weg zur Unabhängigkeit und «City of Joy» über Kalkuttas Slums geschrieben.

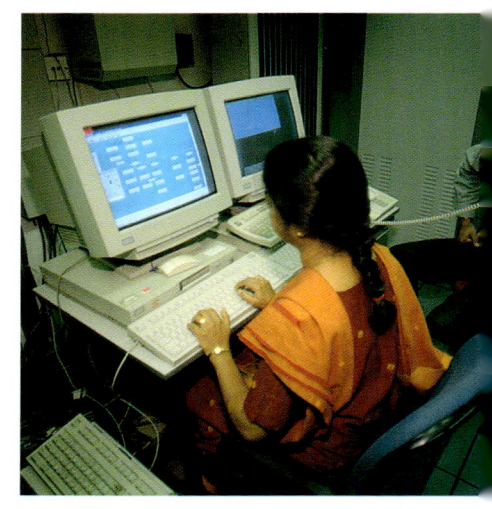

Bei der Vorstellung von «Tausend Sonnen» 1999 auf einem Krankenhausschiff in den Sundarbans des Ganges-Deltas sagte Lapierre dem Journalisten Siddharta Srivastha: «In den Slums von Kalkutta leben mehr Helden als irgendwo sonst. Die Menschen dort bewahren ihre Würde, sie verstehen zu feiern, sie lieben, sie teilen sich ihren Nächsten mit, sie leben ihren Glauben. Für mich sind sie Vorbilder der Humanität. Diese Menschen haben mich den wahren Wert des Lebens gelehrt.»

Wo steht Indien?

Vieles wird deutlicher, wenn man das Indien an der Wende zum dritten Jahrtausend mit dem «Kronjuwel» der britischen Kolonialmacht vergleicht, wie es 1947 vom Vizekönig Lord Mountbatten in die Unabhängigkeit entlassen wurde. Das geschah Hals über Kopf – ein Jahr früher als geplant –, weil den Briten die Herrschaft entglitt. Millionenfache Flucht und millionenfaches Blutvergießen brachte die politisch wie organisatorisch stümperhaft vorbereitete Trennung in ein hinduistisches Indien und ein muslimisches Pakistan. Eine Katastrophe dieses Ausmaßes hat das selbständige Land zum Glück seither nie wieder erleben müssen. Das sind starke Pluspunkte im Rückblick auf ein halbes Jahrhundert Unabhängigkeit: statt Hungersnöten Nahrungsüberschüsse, statt Militärregimes wie bei mehreren Nachbarn eine nicht unangefochtene, doch kontinuierliche Demokratie, dazu ein finanzielles Krisenmanagement, das Indien 1998/99 fast unbeschadet an der wirtschaftlichen Talfahrt Ost- und Südostasiens vorbeisteuerte. Der ehemalige Premierminister des «Tigerstaats» Singapur, Lee Kuan Yew, nannte Indien einen «schlafenden Riesen, der – einmal erwacht – das Gesicht der Weltwirtschaft verändern kann. Indien hat das Potential, einen unabhängigen Wirtschaftsblock zu bilden, ohne zu sehr von anderen abhängig zu sein».

Üppiges Maharaja-Indien – in Festbeleuchtung erstrahlt am Wochenende der Palast von Mysore, der nach dem Brand des alten (1896) im 20. Jahrhundert erbaut wurde – mit dem Reichtum, den die Wodeyar-Dynastie unter dem Schutz der britischen Kolonialmacht angesammelt hatte. Immerhin gab sie dem Volk begrenztes Wahlrecht, modernisierte Gesetze und eine Finanzverfassung, und der Fürstenstaat Mysore führte als erster ein Parlament ein (rechts). – Fürstenhof-Szene des 16. Jahrhunderts in Miniaturmalerei (oben).

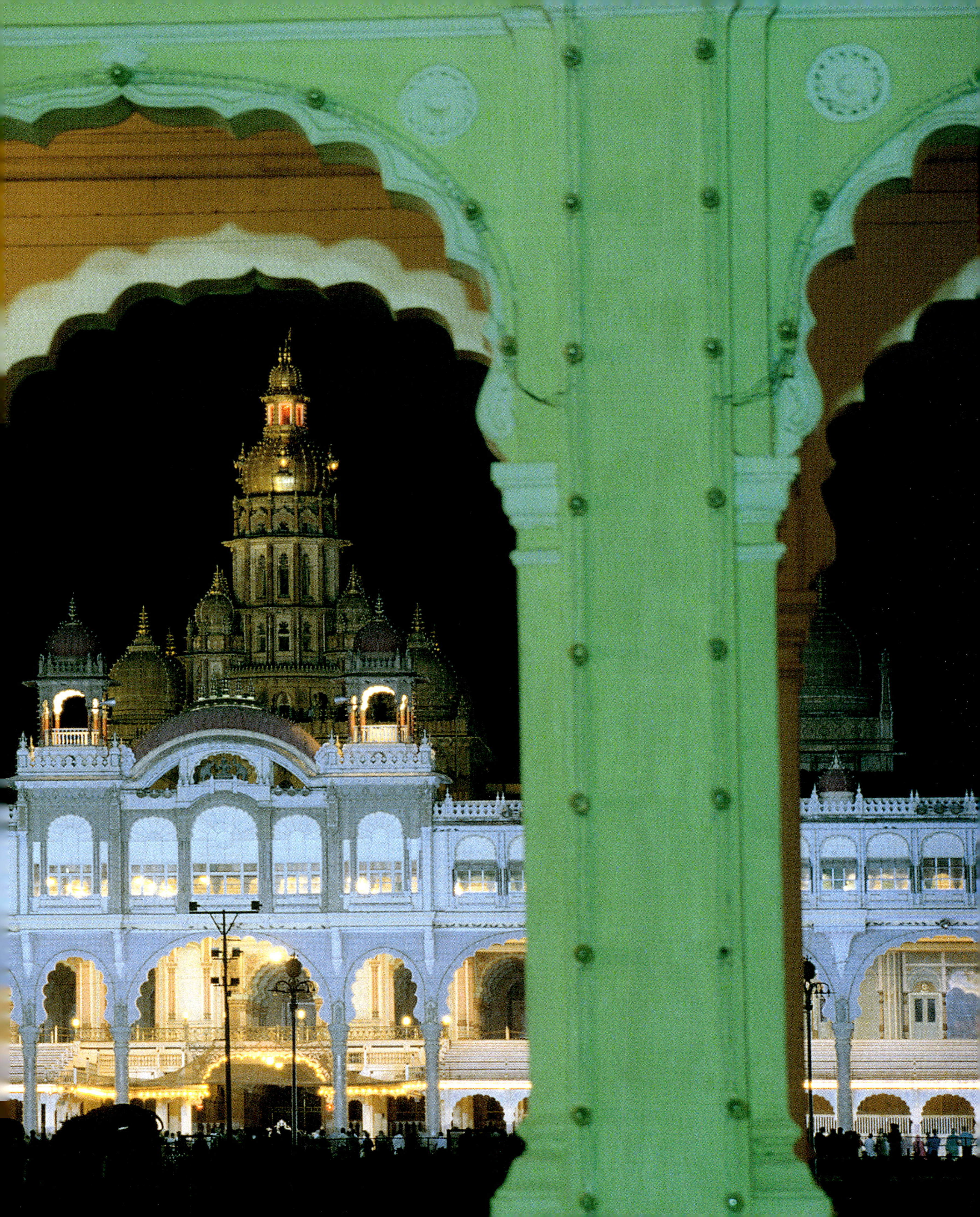

Megastadt und Götterberge

Delhi und der Norden

Moschee mit Ausblick: Von Delhis großartiger Jami Masjid schaut man auf den Palast der Großmoguln, das «Red Fort» mit seinen Kuppeln (oben). – Angesichts so kostbarer Stoffe (unten) gibt's keinen Zweifel: Hier ist alle Pracht der Vergangenheit noch Gegenwart. – Sikhs in Amritsar: Ein «Three-wheeler» hat Platz für sehr viele Fahrgäste (rechte Seite).

Stellen Sie sich vor, Sie kommen nach Berlin und erkundigen sich nach den prominentesten Sehenswürdigkeiten der deutschen Hauptstadt. Man nennt Ihnen das ehemalige Palastareal eines Zaren, die Zwiebeltürme einer orthodoxen Kirche und das für einen chinesischen Vizekönig errichtete Regierungsgebäude. Vergleiche hinken, aber Tatsache ist auch: In Indiens Hauptstadt Delhi führt man die Besucher zuerst zum Roten Fort der Mogulkaiser, Nachkommen von Reiternomaden aus Innerasien. Dann zeigt man nicht etwa einen Hindutempel, sondern die Jami Masjid – eine Moschee, die größte Indiens – und vielleicht noch den Rashtrapati Bhavan, einen 340-Zimmer-Palast, den sich die britischen Vizekönige in den zwanziger Jahren des 20. Jahrhunderts erbauen ließen. Pompös kolonialistisch thront der Palast mit seiner Kuppel im Mogulstil über dem Westende des King's Way, heute Rajpath, der rund 300 Meter breiten Parade-Achse. Der Triumphbogen an dessen Ostende erinnert an 85 000 indische Soldaten, die im Ersten Weltkrieg und in Kolonialkriegen für Großbritannien starben.

Delhi, das asiatische Rom

Fast ein Jahrtausend ertrugen die Menschen Nordindiens fremde Herrschaft, waren die großen Bauherren Delhis nicht einheimische Hindukönige, sondern Eroberer und ihre Nachkommen – aus Mesopotamien, Persien, Afghanistan und von einer Insel namens England.

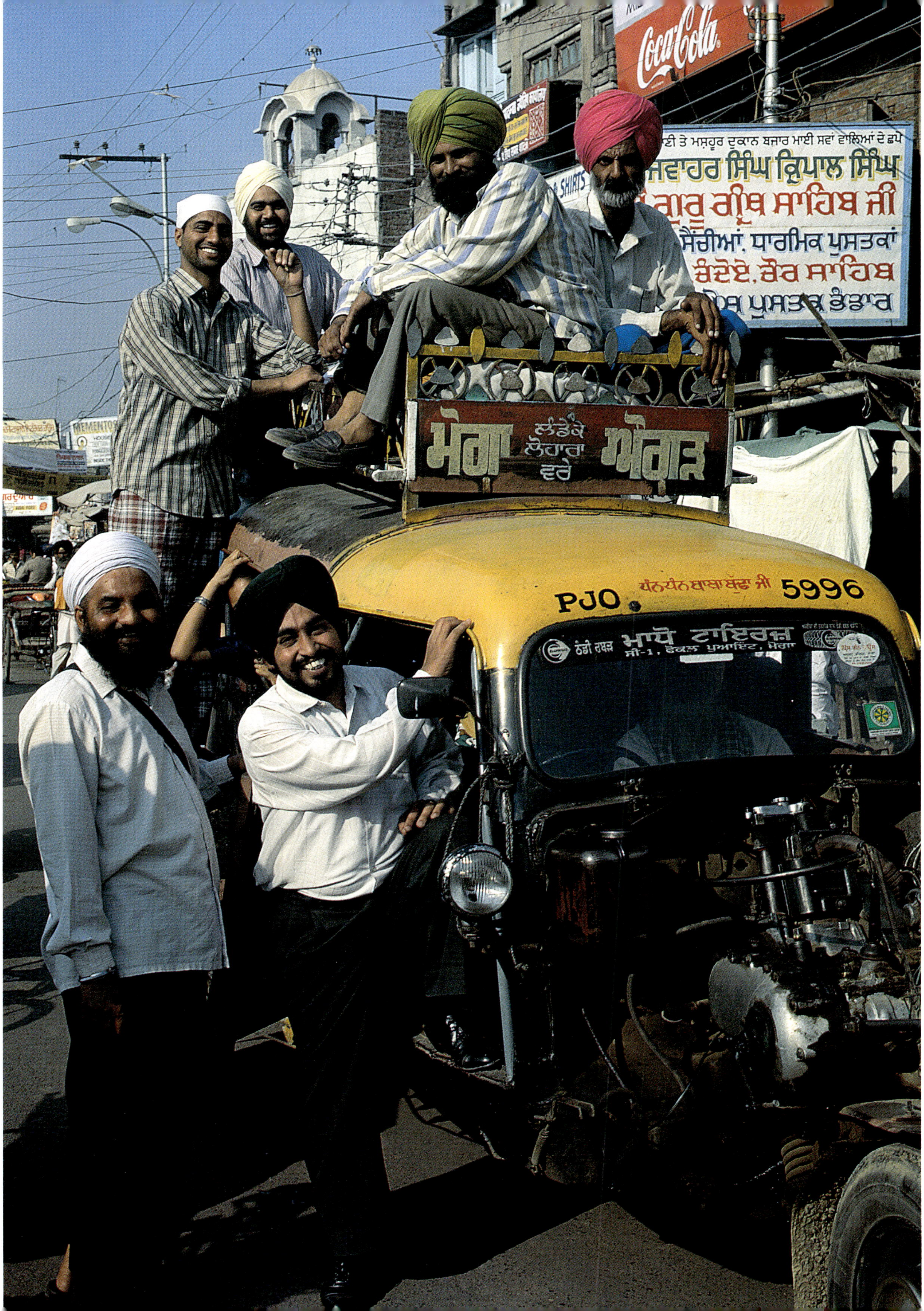
Coca-Cola
ਜਵਾਹਰ ਸਿੰਘ ਕ੍ਰਿਪਾਲ ਸਿੰਘ
ਮੋਗਾ
PJO
5996
ਮਾਧੋ ਟਾਇਰਜ਼

Delhis Stadtbild ist lebendige Geschichte. Die Hindus haben sich den Invasoren unterwerfen müssen, aber die Eroberten veränderten auch die Eroberer, vor allem in der langen muslimischen Mogul-Ära. Deren Küche, Kunst und Architektur übernahm indische Impulse, und umgekehrt speist man bis heute, wenn es besonders gut schmecken soll, in Delhi und andernorts in Nordindien «Muglai-Küche», gewürzt mit Nelken, Zimt und Ingwer.

Da den britischen Kolonialherren zu Anfang des 20. Jahrhunderts die bisherige Hauptstadt Kalkutta am Rand ihres indischen Kaiserreichs zu abgelegen erschien, entschieden sie sich 1911 für Delhi und errichteten ihr «New Delhi» in imperialem Maßstab. Das Europa der Kolonialära überdauert mit seinen herrschaftlichen Bauten an vielen Orten der Erde, in keinem anderen Land aber an so vielen Plätzen wie in den «Cantonments», den einstigen Europävierteln der indischen Städte. Und nirgends übernahm ein junger Staat mit der soeben gewonnenen Unabhängigkeit ein so weiträumig und aufwendig angelegtes Regierungs-, Parlaments- und Diplomatenviertel wie Delhi. Den vom letzten britischen Vizekönig Louis Earl Mountbatten of Burma geräumten Palast bezog Indiens erster Staatspräsident Rajendra Prasad, der jahrzehntelang Mitarbeiter Mahatma Gandhis gewesen war.

Wer gut zu Fuß ist, kann Neu Delhi gemächlich durch die weiten Alleen, vorbei an gepflegten Gärten und unter den Wipfeln prächtiger, noch unter britischer Herrschaft gepflanzten Bäume erwandern. Am Weg liegen einige der besten Museen und Kunstsammlungen, dazu noch das Nehru-Museum, das Indira Gandhi Memorial Museum und das Gandhi-Denkmal. Es zeigt den Vordenker des gewaltlosen Widerstands nicht in Siegerpose, sondern mit seinen Gefährten unterwegs auf dem mühsamen Weg zur Unabhängigkeit.

Für den, der zum ersten Mal nach Indien kommt, ist Delhi ideal zum Akklimatisieren. Wer mag, kann vollkommen im westlichen Stil leben. Der Golfplatz mitten in der Stadt, der Hotel-

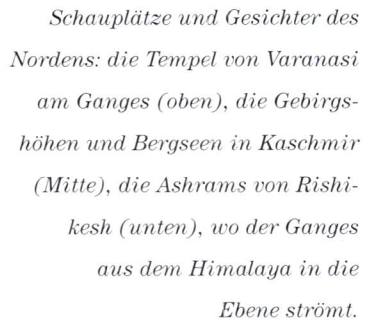

Schauplätze und Gesichter des Nordens: die Tempel von Varanasi am Ganges (oben), die Gebirgshöhen und Bergseen in Kaschmir (Mitte), die Ashrams von Rishikesh (unten), wo der Ganges aus dem Himalaya in die Ebene strömt.

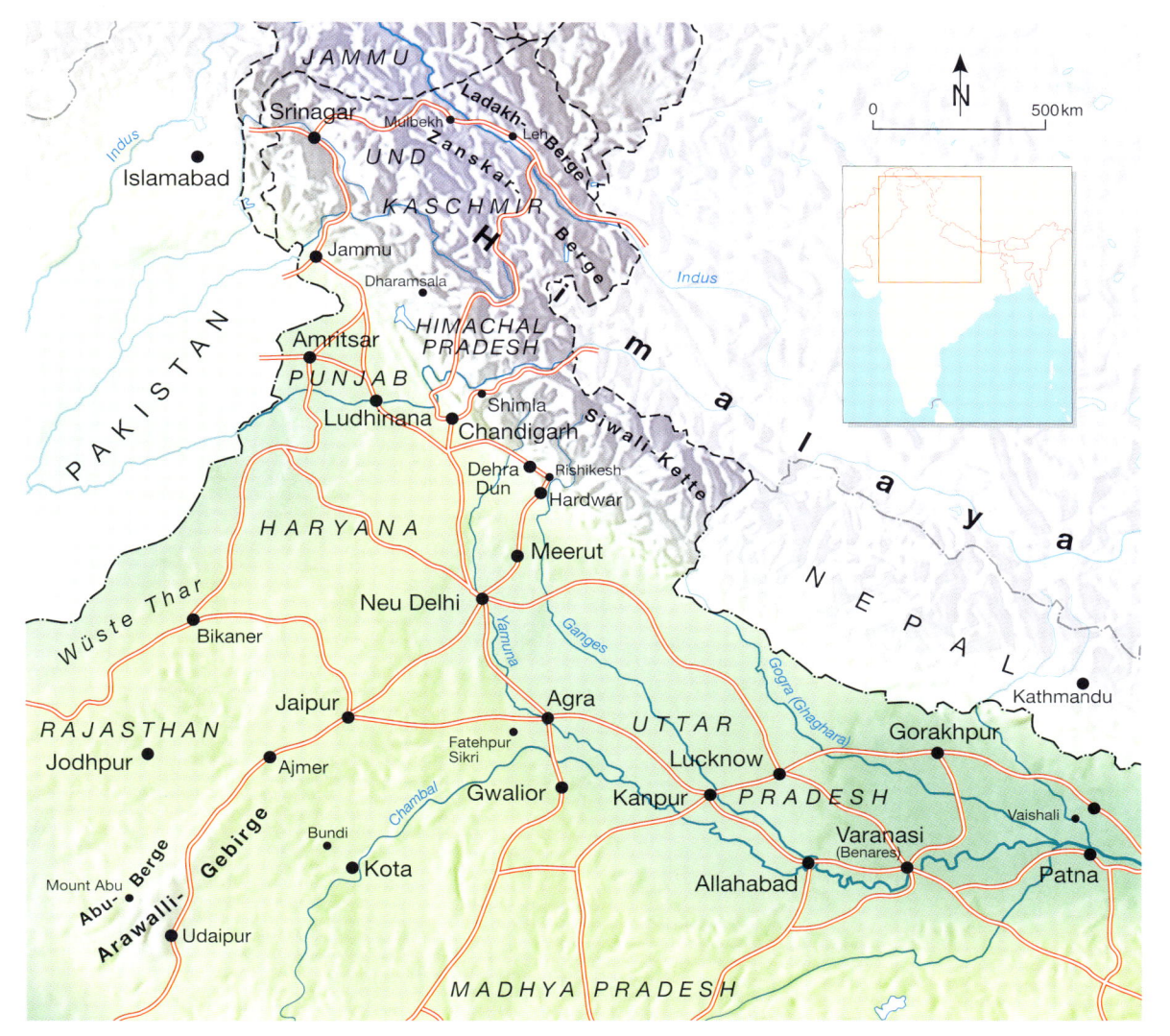

Die Sikh-Religion wurde im 16. Jahrhundert von Guru Nanak gegründet. Sikhs haben sehr strenge religiöse und moralische Grundsätze. Sie schneiden weder Kopf- noch Barthaar, flechten die Haare zu Zöpfen und tragen sie unter dem Turban zu einem Knoten gebunden. Die Mehrheit der rund fünf Millionen Sikhs lebt im Punjab.

luxus in Marmor, Seide und Damast braucht einen Vergleich mit New York nicht zu scheuen. Seit den neunziger Jahren läßt sich die Stadt auch noch eine Skyline wachsen. Wenn er beim Ampelstop an Neu Delhis Herzstück, dem Connaught Place, vor und hinter sich lauter Mercedeskarossen sehe, komme er sich vor wie in London oder Frankfurt, murrte jüngst ein in Indien ansässiger deutscher Geschäftsmann.

Wenige Straßenkreuzungen weiter wartet in Alt-Delhi der Orient: Gewölbe, Gedränge und Geschiebe, Gewürzduft und die Silberschmiede von Chandni Chowk, dem größten Basar des alten Delhi. Im Gassendämmer hocken in Tischhöhe zwischen ihren hinten, rechts und links hochgetürmten Waren die Händler. Um die rot und gelb, braun und schwarz aufgehäuften Gewürze in Augenschein zu nehmen, tritt man näher heran, wenn es zwischen all den Menschen möglich ist. Man fühlt einen Stoß von hinten, will protestieren und merkt erst im Umwenden, daß man einer Kuh auf ihrem gemächlichen Gang im Wege steht. Daß eine Kuh nicht getötet und verzehrt werden darf, weiß man. Rasch

Stop-and-Go in der Acht-Millionen-Megastadt Delhi – der Verkehr ist stärker gewachsen als die Bevölkerung, die sich im 20. Jahrhundert etwa verdreißigfachte.

Auch kleine Kinder tragen farbenprächtige Kleider und Schmuck (oben). Aus den leuchtenden Rosen wird ein aromatischer Sirup gewonnen (rechts). – Alt-Delhi und Neu Delhi – die «Moschee mit dem Blick auf die Welt» hieß die Jami Masjid, als Shah Jahan, Enkel des großen Akbar, sie um 1650 erbauen ließ (unten).

wird man aber lernen, daß es dennoch erlaubt ist, dieses Symbol des Lebens und der Güte notfalls mit einem kräftigen Schubs wegzuscheuchen.

So alt wie Rom ist Delhi, und menschenreicher als New York. Inmitten der Acht-Millionen-Megastadt findet man wie in Rom Inseln voll Ruinenzauber, Verfallsmelancholie und Palastglanz bewahrt. Affen springen über die mittelalterlichen Bastionen von Tughlaqabad, vor Schlangen wird gewarnt. Wer die Eiserne Säule am muslimischen Siegesturm Qutbu'd Minar rücklings umfassen kann, hat einen Wunsch frei. Unterm Sternenhimmel läuft allabendlich eine Multimediashow vor den längst geplünderten Marmorhallen von Shah Jahans Rotem Fort, wo über einem Torbogen auf persisch noch geschrieben steht: «Wenn ein Paradies auf Erden ist, dann ist es hier, ist es hier, ist es hier.»

Die Staaten des Nordens: Armut, aber auch Reichtum

Wer zuerst den Platz am Yamuna-Fluß für die Gründung Delhis gewählt hat, zwischen der Gebirgsmauer des Himalaya und der Wüste Thar im Westen, war ein kompetenter Stratege. Und auch der Namensfinder traf den Punkt – wenn denn «Delhi» sich wirklich von «dilli» ableitet, dem Wort für Schwelle. Denn die Lage auf einer Bodenschwelle rund 100 Meter über der Ebene im Süden machte die Stadt zur Bastion gegen alle Eroberer, die durch das Industal und den Punjab in die fruchtbare Ganges- und Yamuna-Ebene vorstoßen wollten. Schon im Mahabharata-Epos, das seit der Mitte des 1. Jahrtausends v.Chr. entstand, ist eine Stadt am gleichen Ort erwähnt, als Indraprashta.

Im Gassenlabyrinth Varanasis werden Stoffe gefärbt (links). Alt-Delhis Chandni Chowk: Hier gibt es Gewürze, Pistazien und Mandeln, Silber, Gold und Textilien in Hülle und Fülle. Ausgerüstet mit einer altertümlichen Waage, hockt der Händler über duftendem Backwerk jederlei Art (unten).

Die vier Großmoguln

Immer wieder begegnet man ihren Palastbauten und den Berichten über ihre Feldzüge, mit denen sie fast ganz Indien zumindest zeitweise unter ihre Herrschaft brachten, wie vor ihnen nur Kaiser Ashoka im 3. Jahrhundert v.Chr. Darum lohnt es, die Generationenfolge der Mogulkaiser zu kennen, von denen drei das goldene Jahrhundert ihrer Dynastie prägten: Kaiser Akbar, der auch «der Große» genannt wird (1556–1605), hatte als Nachfolger seinen Sohn Jehangir (1605–1627), diesem folgte Akbars Enkel Shah Jahan (1627–1658). Urenkel Aurangzeb (1658–1707), der letzte der mächtigen Moguln, brach dagegen mit der Toleranztradition seiner Vorfahren, ließ zahllose Hindutempel zerstören und versuchte die Hindus zum muslimischen Glauben zu zwingen. Nach Aurangzebs Tod verfiel die Mogulmacht.

Delhi öffnet heute Straßen, Schienen und Luftwege in alle Himmelsrichtungen. Wenn schon im April das Thermometer auf 40 oder 50 Grad Celsius steigt, sucht jeder, der es sich leisten kann, Zuflucht im Norden, in den «Hill Stations» in den kühleren Vorbergen des Himalaya. Schon die Mogulkaiser wichen aus Delhi mit ihrem Hof an den wunderschönen Dal-See in Kaschmir aus.

Uttar Pradesh, Himachal Pradesh, Haryana, der Punjab und Jammu und Kaschmir sind die fünf Bundesländer, die wir hier als Indiens Norden vorstellen, mit heute weit über 200 Millionen Einwohnern auf einer Fläche von rund 670 000 Quadratkilometern, also fast dem Doppelten der Fläche der Bundesrepublik Deutschland. Als Sonderterritorien kommen die Städte Delhi und Chandigarh (die gemeinsame Hauptstadt der Bundesländer Punjab und Haryana) hinzu. Da große Flächen Nordindiens, insbesondere in Jammu und Kaschmir, hochalpin und unbewohnbar sind, ist in den übrigen Landesteilen die Bevölkerungsdichte um so höher.

Eine Vorzeigeregion ist der Punjab wieder geworden, nach dem Ende der terroristischen Anschläge von Sikh-Separatisten in den achtziger Jahren. Seine 20 Millionen Einwohner, rund die Hälfte von ihnen Sikhs, stehen an der Spitze des indischen Durch-

Fortsetzung Seite 58

Der Goldene Tempel in Amritsar.

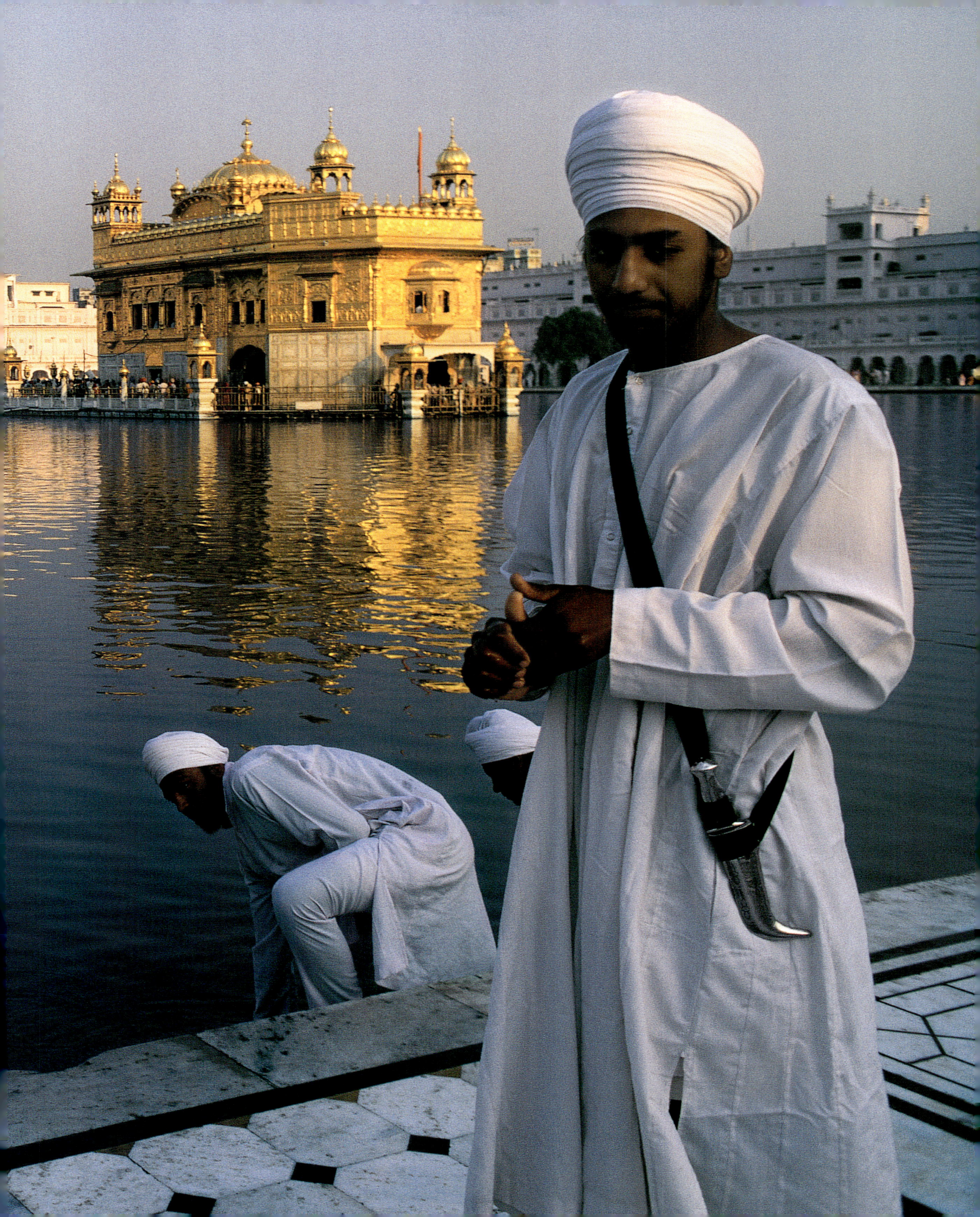

Für die Familie: der Bund fürs Leben

Familie, Partnerwahl und Kinderwunsch

Adel heiratet Geld, der Sohn verarmter Rajputen die Tochter einer reichen Kaufmannsfamilie in Rajasthan – da lassen die Brauteltern sich die Hochzeit etwas kosten: – 1 Zur Vorbereitung salbt die Mutter des Bräutigams ihren Sohn mit Safran und Ghee (flüssiger Butter). – 2 Am Abend vor der Zeremonie reitet er blendend geschmückt durch das Dorf und kündigt die Hochzeit an. 3 Vorher hat seine Schwester vor den Gästen getanzt. – 4 Zum Schmuck der Braut gehören bunte Glasreifen, die Bangals.

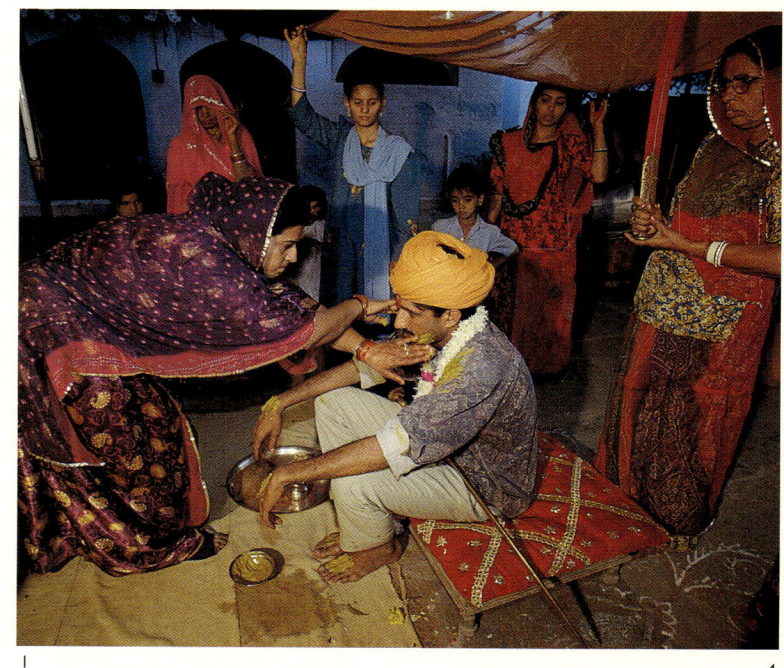

Noch immer heiraten junge Inderinnen und Inder, ohne viel mehr von ihrem künftigen Lebenspartner zu wissen, als daß die Eltern und die gesamte Familie ihn/sie für die richtige (eventuell horoskopunterstützte) Wahl halten. Die ‹arranged marriage› paßt in das althergebrachte Kastensystem, die Liebesheirat könnte es gefährden. Doch vorsichtige Eltern bestehen nicht mehr auf Hochzeiten, deren Hauptpersonen sich zuvor nie gesehen haben – außer auf dem Land, wo die Partner oft schon im Kindesalter ausgesucht wurden.

Der Staat wirbt für die Zwei-Kinder-Familie. Indiens dramatischer Bevölkerungszuwachs – binnen wenig mehr als drei Jahrzehnten wurde aus 500 Millionen Menschen eine Milliarde – kappt die wirtschaftlichen Erfolge im Kampf gegen die Armut. Der aufstrebende Mittelstand in den Städten strebt die Zwei-Kinder-Familie an, auch ohne staatliche Werbung, und wünscht sich gute Lebenschancen für seinen Nachwuchs. Die ärmeren Leute aber erhoffen sich Unterstützung durch möglichst viele Söhne, und sie haben keine andere Altersversorgung als diese Hoffnung. Da Töchter bei der Verheiratung Kosten verursachen (das aufwendige Fest, die reichliche, wenn auch ungesetzliche Mitgift), versucht man, sich ihrer zu entledigen – grausame Mittel sind die medizinische Selektion vor der Geburt oder die Vernachlässigung weiblicher Säuglinge. Statistisch hat Indien ein Frauendefizit.

Für Inder gleich welcher Religion spielt die Familie eine lebenswichtige Rolle. Ihre Gemeinschaft soll Männer und Frauen in wirtschaftlichen und seelischen Nöten auffangen. Im günstigen Fall erfüllt sie diese Erwartung. Zur Familie gehören mehrere Generationen. Nicht einmal das Leben in den Städten hat bisher die Familienstruktur zerstören können, selbst wenn dort nicht mehrere Generationen unter einem Dach wohnen. Erfreulicherweise trifft man immer mehr indische Familien, in denen Mann und Frau, jung und alt in gleichberechtigter Kooperation zusammenleben.

5 Der Priester führt das Brautpaar um das heilige Feuer. – 6 Unter dem glückverheißenden Bild des elefantenköpfigen Gottes Ganesh begrüßt das Brautpaar seine Gäste. – 7 Mit hocherhobenen Lichtern empfängt die Mutter der Braut den Bräutigam beim Eintritt ins Haus.

schnittseinkommens, dank der hohen landwirtschaftlichen Produktivität des Punjab. In Haryana ist die wirtschaftliche Entwicklung ähnlich günstig. Uttar Pradesh dagegen, seiner Fläche nach das größte Bundesland im Norden, zählt zu den Schlußlichtern – hoch sind nur die Bevölkerungsdichte (rund 400 Menschen je Quadratkilometer, zum Vergleich: in Deutschland sind es 227), der Geburtenüberschuß und die Analphabetenrate.

Naturfreunde, Bergwanderer und Bergsteiger, Trekkingfans und Hausbootliebhaber müssen wegen der akuten politischen und militärischen Spannungen mit Pakistan zwar auf Kaschmir verzichten, sie finden aber in Himachal Pradesh die großartige, noch weithin unberührte Schönheit von waldgrünen Tälern, kri-

Gebet vor der Moschee seitlich des Taj Mahal in Agra (unten), danach freuen sich Kinder über das «Zuckerfest» am Ende der Fastenzeit (Id-ul-Fitur, links unten). – Eine Kostbarkeit muslimischer Architektur ist auch das Kuppelgrab des Shaik Salim Chisti in Fatehpur Sikri (links).

Eine lange gemeinsame Grenze mit dem wahren, seit 1950 von der Volksrepublik China annektierten Tibet hat der indische Teil Ladakhs, dem Bundesland Jammu und Kaschmir zugehörig. «Kahl wie der Mond» hat man Ladakh genannt, dieses Hochland aus Felsen, Sand und Schnee, das schon im 5. Jahrtausend v. Chr. besiedelt war, lange vor der Induskultur. Zwei Drittel des Jahres kann es nicht auf dem Landweg erreicht werden. Doch wer einmal die mehrtägige Bustour über die abenteuerliche Hochgebirgsroute von Himachal Pradesh zu Ladakhs Hauptstadt Leh gemacht hat oder, komfortabler, mit dem Flugzeug von Delhi eingeschwebt ist, weiß auch von den smaragdgrünen Oasen der Ladakhis. Mit geduldiger Bewässerungsarbeit haben sie der stei-

stallklaren Flüssen und Seen, mit Sportmöglichkeiten vom Wandern und Trekking bis hin zu Golf, Heli-Skiing und Paragliding.

Um die hervorragenden Orte indischer Geschichte und Kultur in Indiens Norden kennenzulernen, wird man in Uttar Pradesh Lucknow besuchen, einst Residenz der Nawabs von Avadh (Oudh) und 1857 tragischer Hauptschauplatz des Sepoy-Aufstands gegen die britische Kolonialherrschaft. Chandigarh, in den fünfziger Jahren von dem französischen Architekten Le Corbusier entworfen, ist noch immer die modernste, am wenigsten indische Stadt Indiens. Im Punjab lockt der Goldene Tempel der Sikhs in Amritsar (siehe Seite 54f.), in Himachal Pradesh der Bergort Dharamsala, das Exil des Dalai Lamas, ein Klein-Tibet.

nigen Bergwüste Getreidefelder, kleine Weiden für Schafe und Yaks und Siedlungen für Menschen abgewonnen. Noch ursprünglicher als das obere Industal um Leh ist bis heute Zanskar hinter seinen hohen Pässen. Das hochverletzliche Gleichgewicht der Lebensformen Ladakhs mit der Umwelt und ihren Ressourcen ist heute freilich insgesamt gefährdet wie alle letzten vorindustriellen Gesellschaften der Erde. Noch wohnen in den Gompas (Klöstern) rund um Leh die buddhistischen Mönche wie vor tausend Jahren, auf den Mani-Steinen am Wege sind für den Kundigen buddhistische Weisheiten zu lesen, und in Mulbekh thront die um 700 n.Chr. in den Felsen gehauene Chamba-Skulptur des Matreya, des künftigen Buddha, acht Meter hoch.

Stätten der Spiritualität: Taj Mahal, Fatehpur Sikri, Amritsar

Varanasi (Benares), Wunschziel jedes Hindus: das Bad im heiligen Ganges, der in Indien wie alle Flüsse von mütterlich-göttlicher Natur ist und «Mutter Ganga» heißt (unten).

Der aufgehenden Sonne zugewandt, reihen sich fast hundert Badeplätze am linken Gangesufer, mit großen und kleinen Tempeln, Pilgerherbergen und Verbrennungsstätten (rechts oben). Auf frischen Blättern werden Lichter aufs Wasser gesetzt (rechts unten), ein Toter wird von seinen Angehörigen zum Brandplatz getragen (rechte Seite unten).

Kein Land auf der Erde, in dem Menschen nicht für ihre Gebete und ihre Götter besondere Stätten gewählt und geschmückt, mit Tempeln und Kirchen bebaut haben. In Indien sind sie ohne Zahl, und viele besitzen großartige künstlerische Gestalt und starke spirituelle Kraft. Drei dieser außerordentlichen Bauwerke sind in Nordindien entstanden und bis heute erhalten: ein Grabmal, eine Stadt, in der ein Kaiser nach einer Religion suchte, die allen Gläubigen gemeinsam sein könnte, und ein Tempel, in dem von morgens bis in die Nacht aus einem heiligen Buch vorgelesen wird, Jahr für Jahr.

Früh aufstehen, noch in der Dunkelheit vor Sonnenaufgang – das ist der beste Rat für jeden, der das Taj Mahal ungestört sehen will. Den Torbau findet man dann noch verschlossen, aber seitlich führen Wege zum Yamuna-Fluss, mit Glück kann man hinaufsteigen zu einem Pavillon und von dort ein kleines Stück flußaufwärts den Grabbau, man mag auch sagen: den Grabpalast, im Licht der eben aufgegangenen Sonne bewundern. Dreizehn Kinder hatte Mumtaz Mahal ihrem kaiserlichen Gatten geboren,

bei der Geburt des vierzehnten im Feldlager Jehangirs starb sie, die «Perle des Palastes», am 17. Juni 1631. Ein halbes Jahr später erst führte der Witwer Shah Jahan die Tote in seine Hauptstadt Agra heim und begann mit dem Bau des Grabmals, das vermutlich von dem Architekten Ustadh Ahmad aus Lahore entworfen wurde. Ein Zeitgenosse berichtete von «20 000 Menschen», die «ununterbrochen daran arbeiteten» – und zwar 22 Jahre lang. Das Taj Mahal sollte berühmter als alle Paläste Asiens werden und gewann die Qualität eines Weltwunders. Und zwar nicht wegen der schieren Größe des riesigen, weiß-hellen Achteck-Quaders mit seiner persisch inspirierten, 74 Meter hohen Kuppel, sondern vor allem wegen der Leichtigkeit, mit der das Taj Mahal über seinem 100 mal 100 Meter großen Podest, über den langgestreckten Wasserbecken der Gärten und über dem Fluß zu

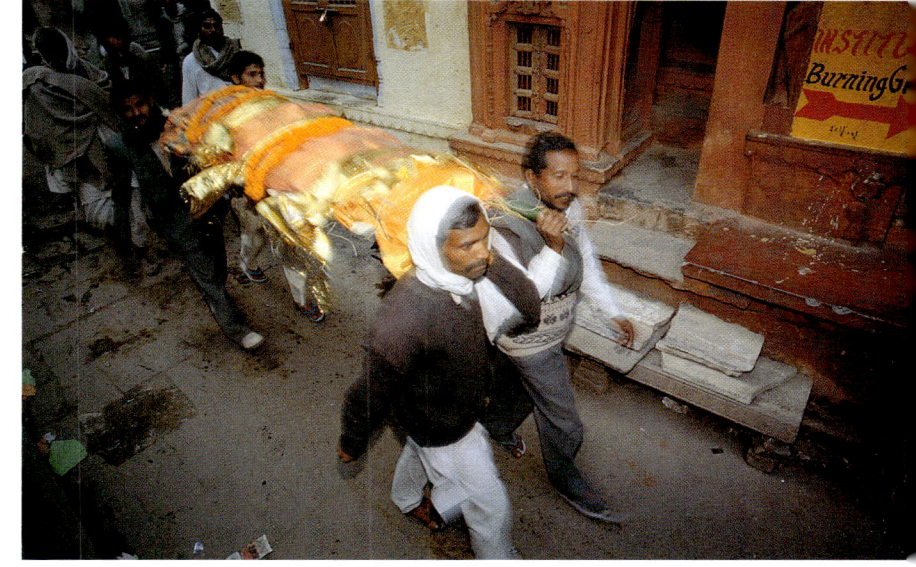

schweben scheint. Diese schwebende Leichtigkeit gibt kein Foto wieder, ebensowenig wie das ornamentale Zusammenspiel des Pietra-dura-Schmucks – einer besonderen Art des Mosaiks – aus Halbedelsteinen, der Kalligraphie und der floralen Reliefs an den Marmorfassaden. Morgen, Mittag und Abend zeigen den Bau, in dem auch der Bauherr zu letzter Ruhe bestattet wurde, in immer wieder anderem Licht.

Das Taj Mahal ließ Shah Jahan als Trauermal einer Trennung durch den Tod erbauen. Ein halbes Jahrhundert vorher hatte Kaiser Akbar zum Zeichen der Freude und Zuversicht westlich von Agra Fatehpur Sikri, die «Siegesstadt», gegründet, eine Residenz von großartigem Zuschnitt. Denn nach langer Kinderlosigkeit des Kaisers, so erzählt die Überlieferung, erfüllte sich mit der Geburt seines Erben Jehangir die Weissagung eines Muslim-Heiligen, des Shaiks Salim Chisti, der an eben dieser Stelle lebte.

Auf der Reise durch das einstige Kaiserreich der Moguln ist Fatehpur Sikri einer der merkwürdigsten Orte, strahlt Klarheit aus und wirkt zugleich verwunschen wie ein sagenhafter Ort aus Tausendundeiner Nacht. Auf einer wasserlosen Höhe, deren beste Eigenschaft ihr wunderbar weiter Ausblick ist, entstand binnen eines Jahrzehnts eine sandsteinrote Residenzstadt, in die einzelne Marmorgebäude wie fremdartige Juwelen eingebettet sind. Fatehpur Sikri ist ein indischer Beweis für das Machbare und zugleich Beweis für dessen Grenzen. Um 1580 binnen weniger Jahre vollendet, wurde die Stadt schon nach anderthalb Jahrzehnten verlassen, vermutlich wegen des Zusammenbruchs der Wasserversorgung – bis heute liegt der künstliche See im Nordwesten ausgetrocknet. Eine Geisterstadt ist die Anlage jedoch nur zur Nacht. Tagsüber kommen täglich Tausende, um Fatehpur

Sikri auf seinem Felsgipfel zu bestaunen. Mit ihren Palästen, Pavillons, Plätzen und immer neuen Blickperspektiven feiert die Architektur ein Fest der Geometrie. Von hinreißender Schönheit sind die marmornen Wände des Kuppelgrabs, in dem Shaik Salim Chisti bestattet ist. Die kunstvolle Steinschnitzerei spielt mit dem Licht, das Licht mit dem Marmor.

Akbars «Diwan-i-Khas» im Palast von Fatehpur Sikri, die Halle für Privataudienzen, erinnert an einen Versuch, der von kaum einem anderen Mächtigen der Weltgeschichte unternommen worden ist. Kaiser Akbar rief die Religionen seines Reiches zur Versöhnung und die Gläubigen zu einem gemeinsamen Glaubensbekenntnis. «Din-i-Ilahi» nannte er die neue Über-Religion. Auf einer Säulenplattform, die Stege symbolträchtig mit den vier Ecken des Raumes verbinden – so noch heute zu sehen –, soll Akbar mit den Repräsentanten des Islams, des Hinduismus, des Christentums und des Parsismus über die Götter, über Furcht, Verehrung und Liebe Gottes diskutiert haben.

Friedliches Leben in Srinagar und am Dal-See: Einfache Hausboote liegen bei der Shah-Hamdan-Moschee auf dem Jhelum-Fluss (linke Seite unten), Bauern und Händler treffen sich zum Gemüsemarkt (Mitte), muslimische Kinder lesen im Koran (links), und ein extra reich geschnitztes Hausboot wartet noch auf Gäste (oben).

In Pahalgam, drei Busstunden von Srinagar, beginnt der lange Pilgeraufstieg durch das Gebirge südlich der Grenze zum pakistanisch besetzten Kaschmir. Ziel des Amaraath-Yatra zur Zeit des Augustvollmonds ist der Amarnath-Berg mit dem Eis-Lingam (rechts), das den Shiva-Anhängern heilig ist.

Die Sikhs waren wohl nicht eingeladen. Doch hatte schon Guru Nanak, der Gründer dieser wehrhaften Religionsgemeinschaft, die von Akbars Nachfolgern grausam unterdrückt wurde, die religiöse Zusammenführung von Hinduismus und Islam angestrebt. Guru Nanak, als Hindu geboren und ein Zeitgenosse Martin Luthers, versuchte also Ähnliches wie der große Akbar. Als Religionsgründer bewirkte der Guru aus dem Punjab mehr als der Mogulkaiser. Bis heute reißt der Zug der Gläubigen nicht ab, die zum Goldenen Tempel in Amritsar strömen.

Dort, hoch im Norden, dicht an der Grenze zu Pakistan, wird Tag für Tag morgens das Granth Sahib, das heilige Buch der Sikhs, über die schmale Brücke des Nektarteiches – das bedeutet der Name Amritsar – zum Allerheiligsten des Tempels getragen.

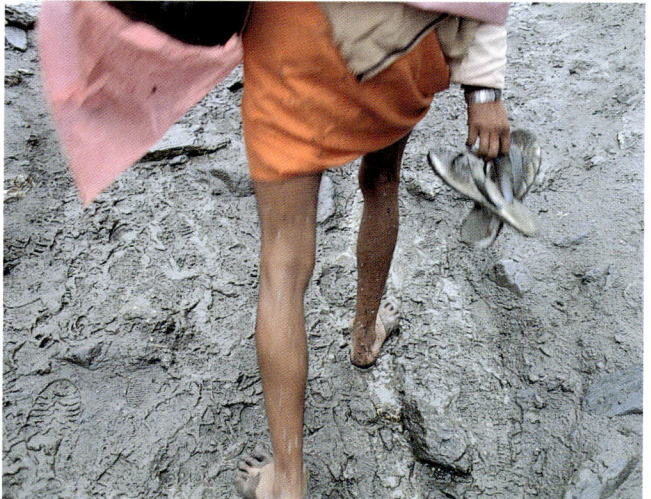

Auch im August ist das Klima im Kaschmir-Gebirge hart – trotzdem kommen manche Pilger nur mit Plastiksandalen, und manche Strecken gehen sie gar barfuß. In der Eishöhle zeichnet ihnen ein Priester das rote Mal auf die Stirn.

Viele Meter Stoff – der Turban

Weiß ist üblich, in Rajasthan und Maharashtra ist Rot beliebt, in Südindien sieht man Goldborten am weißen Turbantuch. Heute ist der Turban seltener geworden, er wird vor allem von Sikhs getragen, da sie ihr Haar nicht schneiden, sondern es zu Zöpfen flechten, diese auf dem Kopf zu einem Knoten binden und den Turban brauchen, um den Knoten damit zu bedecken. Sechs Meter lang ist die Stoffbahn für einen Turban.

Tag für Tag wird bis in die Nacht aus den 6000 Versen des Granth Sahib vorgelesen. Meditative Musik erklingt. Jeder Ankömmling wäscht Hände und Füße, durchschreitet ein flaches Becken mit fließendem Wasser, tritt durch die Eingangshalle zum Tempelareal – und steht gebannt vor einem der schönsten Anblicke, die Indien bieten kann. Das Marmorweiß der Uferwege, das Grün von drei heiligen Bäumen, der warme Goldglanz des Tempels über der silbrigen Wasserfläche und die Sommerblütenfarben der buntgekleideten Pilger, dazu die harmonischen Proportionen des Tempels – all das stimmt glücklich zusammen und erhebt das Herz. Die Schäden, die der Sturm indischer Bundestruppen gegen die im Goldenen Tempel verbarrikadierten separatistischen Akali-Sikhs 1984 hinterlassen hatte, sind behoben worden.

Exotisches Ladakh: Götterbild des lamaistischen Buddhismus in der Klosterburg Tikse südlich von Leh (rechts).– Ein langes Holzrohr dient als Gefäß für Buttertee (unten). Für das Himalaya-Klima ist das kraft- und wärmespendende Getränk gerade richtig.

Ganga, der Strom der Ströme

Der Weg zur Quelle kann Monate dauern. «Ganga ma ki jai», gelobt sei Mutter Ganga, flüstern die Wanderasketen, die Sadhus, ebenso wie Hindu-Geschäftsleute, junge Paare und rüstige Alte, die sich zur Quelle des heiligsten aller heiligen Ströme aufgemacht haben. Pilger in zweistelliger Millionenzahl versammeln sich alle zwölf Jahre zu den größten Hindu-Festen, den «Kumbh-Melas», bei den Tempeln und Ashrams von Hardwar und Rishikesh, wo das Gebirge die Ganga ins Himalayavorland entläßt.

Wie viele Namen hat die Ganga, die bei den Deutschen aus einer weiblichen Naturkraft zum männlichen Ganges wurde? Sie ist weiß wie die Milch (kshira subhra), vertreibt die Furcht (natabithi hrit), bringt Licht ins Dunkel des Unwissens (ajnana timira bhanu), und das sind nur drei von über hundert schönen und hilfreichen Eigenschaften. Das Lexikon weiß: 2700 Kilometer ist der Ganges lang, je nach Wasserführung bis zu 1500 Kilometer schiffbar. Er ist längster Strom Indiens, entsteht im Kumaun-Himalaya durch den Zusammenfluß von Alaknanda und Bhagirati und bildet schließlich mit dem Brahmaputra das größte Delta der Welt – es umfaßt rund 86 000 Quadratkilometer, eine Fläche größer als Bayern.

Wie der Strom entstand, erzählt das etwa 2000 Jahre alte Epos Ramayana: Ganga, die Tochter des Schneekönigs im Himalaya (zu deutsch: Schneewohnung), läßt auf Shivas Forderung ihre Fluten zur sonnengedörrten Ebene herabströmen, Shiva fängt die Gewässer in seinen Haaren und teilt sie in sieben Flüsse - ein Stück Schöpfungsgeschichte, das in vielen Variationen überliefert ist.

Auf die segensreiche Wirkung des Ganga-Wassers vertrauen der Kleinbauer wie der Maharaja seit je. Zum Beispiel kann man zwei mannshohe Silbergefäße in Jaipurs City Palace sehen: Gefüllt mit Ganga-Wasser, nahm sie der Maharaja 1902 auf eine Londonreise mit. Zweifel an der Heilkraft des stark verschmutzten Gangeswassers kommen bei gläubigen Hindus nicht auf, auch wenn sie jederlei andere Umweltverschmutzung beklagen.

Nicht jedem ist es vergönnt, inmitten eines imposanten Himalaya-Gipfelkranzes bis auf 4000 Meter Höhe zur Gletscherzunge des Gomukh (Kuhmaul) aufzusteigen, wo der Ganga-Quellfluß Bhagirati entspringt. Aber zu den Ghats von Varanasi zu pilgern, den Plattformen am Ufer des Ganges, und dort bei Sonnenaufgang im heiligen Fluß zu baden – diesen Wunsch erfüllen sich Millionen Hindus. Der Name der Stadt leitet sich ab aus denen der beiden Flüsse Varna und Asi, die hier in den Ganges münden,

In zahllose Steinplatten, die sogenannten «Mani-Steine», sind Sprüche der buddhistischen Weisheit und Frömmigkeit eingemeißelt. Immer wieder ist die Sanskrit-Formel «Om mani padme hum», «O du Kleinod im Lotos», zu lesen (links). – Geduldig läßt sich das Brautpaar in Zanskar ablichten (unten). Hochzeitsfeiern sind hier anstrengend, sie dauern Tage, und es strömt viel selbstgebrautes Bier.

von den Briten wurde er zu Benares verstümmelt. Doch viele Pilger nennen diesen Ort noch immer Kashi, den Ort des Lichts. Als «City of Learning and Burning», als die «Stadt des Lernens und Verbrennens», nämlich der Sanskrit-Weisheit und des Leichenverbrennens, läßt sich Varanasi rühmen. Das klingt erstaunlich unbefangen in den Ohren von Besuchern aus dem Westen, die keiner ihrer Millionenstädte ein solches Etikett geben wollten. Westler drücken auch mit einem leichten Schauder auf den Auslöser ihrer Kamera, wenn sie rauchende Scheiterhaufen fotografieren (was verboten ist und schon aus religiösem Taktgefühl unterbleiben sollte). Viele wenden sich ab, wenn ein Toter nur in Tücher gewickelt auf einem Brett zur Verbrennungsstätte getragen wird. Aber in einem Land, das an die Seelenwanderung glaubt, sind Sterben und Tod eben nicht so tabuisiert wie noch für viele Menschen im vermeintlich längst aufgeklärten Westen.

*Der freundliche Hochzeitsmann
unter ausladender Hutkrempe
(oben) unterhält Festgäste mit
Gesang und Tanz. – Dämonen
werden ausgetrieben – von
Maskentänzern, die in bizarren
Gewändern bei einem Tempelfest
in Zanskar auftreten (rechts).*

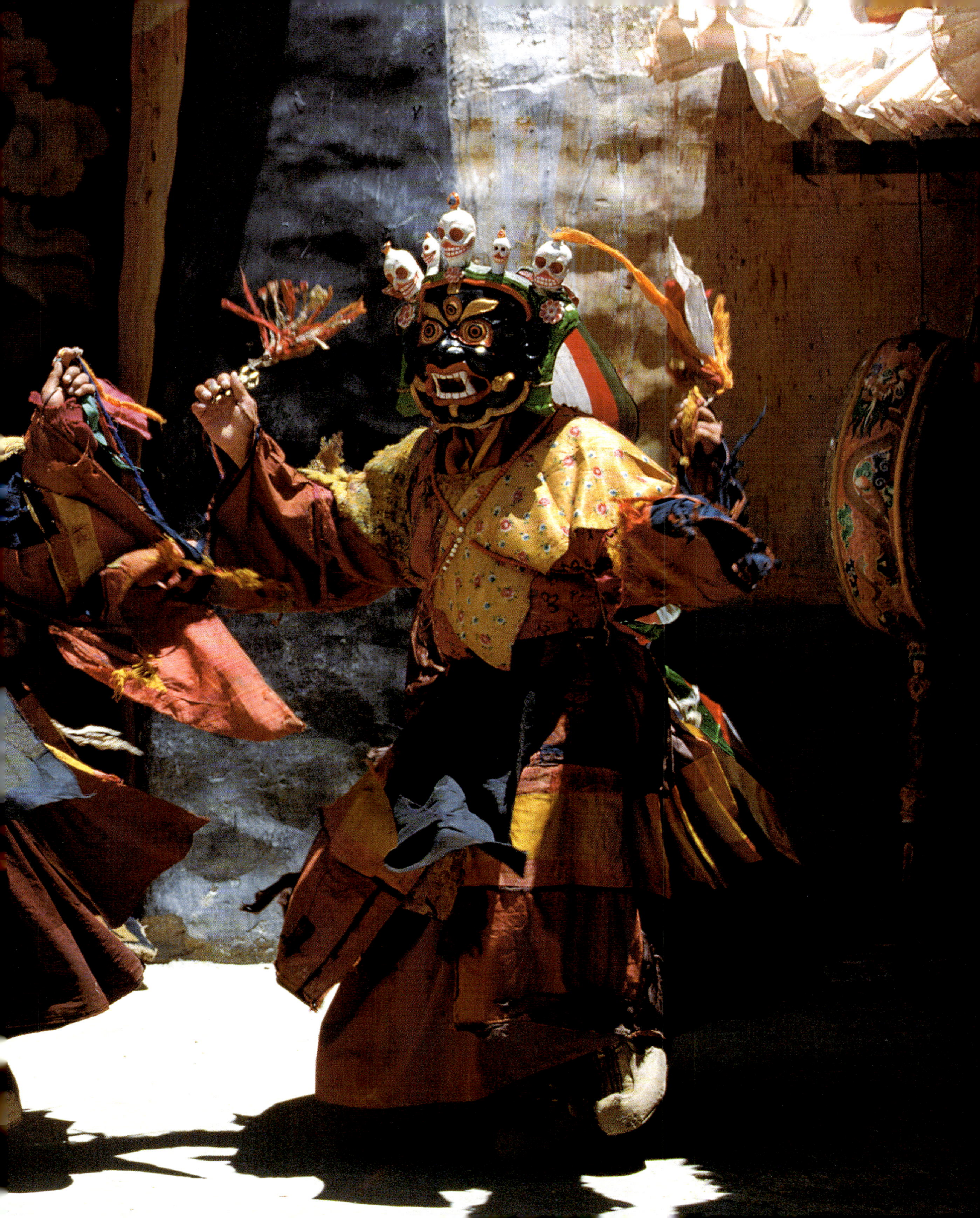

Rettung einer Raubkatze: «Projekt Tiger»

Die Schutzgebiete für Indiens Fauna

1 Mit viel Glück wird der Tiger zur Kamerabeute. – 2 Auf der Tigerjagd (Lithografie von R. M. Brysun nach einer Zeichnung von G. F. Atkinson, um 1865). – 3, 4, 6 und 7 Affen, Gnus, Gazellen, friedlich weidendes Hornvieh und Elefanten bekommt man in den Nationalparks am häufigsten zu Gesicht. 5 Ein stolzer Tiger wurde erlegt: Jagdpartie in der Kolonialzeit. Heute werden Tiger nur noch sehr selten erschossen, vor allem dann, wenn sie wegen Krankheit oder Alter zum «man eater» geworden sind.

Die Tigerschutzgebiete Indiens haben in aller Regel keine Zäune. Und wie ist das möglich? Ohne daß den Tigern täglich Menschen zum Opfer fallen? Verhaltensforscher bestärkten die Parkverwaltungen in ihrer Absicht, auf Zäune zu verzichten. Denn sie hatten herausgefunden, daß ungestört in ihrem Habitat lebende Fleischfresser ihre Region nicht verlassen. Tiger greifen Menschen auch innerhalb des Schutzgebietes nicht an, wenn man ihre artspezifischen Verhaltensmuster kennt und berücksichtigt.

Der Tod eines britischen Vogelkundlers in einem Tigerschutzgebiet, versicherten die für das «Tiger-Projekt»-Verantwortlichen in Neu Delhi, sei leider ein Beispiel dafür: Der Ornithologe habe massiv gegen die Regeln verstoßen, habe sich im Kernbereich des Corbett-Parks in Nordindien von der Gruppe entfernt und im Dickicht den Schlaf des Tigers gestört.

Die Frage, wieviele Tiger in Indiens Dschungeln leben, wird immer neu diskutiert. Der Tiger gilt als Symbol für Indiens Stärke und Vitalität, noch vor Elefant und Löwe (obwohl dieser den Platz im Staatswappen behauptet). Ein Aufschrei ging 1969 durch Indien, als ein Forstexperte auf einem wissenschaftlichen Kongreß in Delhi glaubhaft machte: Statt 40 000 Tigern – so die britische Schätzung zu Anfang des 20. Jahrhunderts – waren es nun kaum mehr als 2 000. Statt in der freien Wildbahn blieb dem Tiger, so schien es, bald nur noch der Platz auf der Roten Liste.

Damit es nicht zum Schlimmsten kam, setzten Regierung

und Parlament 1972 ein «Wild Life Protection Act» durch, mit dem Kernsatz: Um eine Art zu retten, muß ihr Habitat, das Ökosystem von Fauna und Flora, erhalten werden. Neue «Tiger Reserves» wurden eingerichtet. Die jetzt insgesamt 25 Tigerschutzgebiete umfassen eine Fläche, die größer als das deutsche Bundesland Hessen ist. Jüngste offizielle Zahlen nennen nicht mehr eine Zahl von 3000 oder 4000 Tigern, sondern bereits 6000. «Projekt Tiger» ist zum großen Erfolg der Tierschützer geworden. Notwendig wird allerdings eine verstärkte Unterstützung der Dorfbevölkerung im Umkreis der Reservate. Denn auch deren Zahl wächst, immer öfter respektieren die Dörfler die Reservatgrenzen nicht mehr und unternehmen lebensgefährliche Versuche, in den Schutzzonen neue Felder anzulegen.

Rajputenpaläste und Karawanenrouten

Der Westen: Rajasthan und Gujarat

Übung macht den Meister – auch in Jaipur, wo die Palastdiener mühelos etwa sechs Meter Stoff dekorativ um ihr Haupt legen (unten).

Bishnoi-Frau (rechts). Die Bishnoi (das heißt 29) nennen sich seit dem 15. Jahrhundert so, nach den 29 Regeln, die ihr Guru für den schonenden Umgang mit der Natur vorschrieb. – Üppige Architektur: Grabmal des Maharaja Jaswant Singh in Jodhpur (rechte Seite).

Den Wüstenstaat nennt man Rajasthan. «The Great Indian Desert», die Wüste Thar, die sich von Pakistans Indus-Tiefland bis zur Nord-Süd-Barriere des Arawalli-Gebirges und auf Delhi zu erstreckt, ist etwa so groß wie England und Nordirland zusammengenommen. Mit winterlichen Frostnächten und sommerlichen Hitze-Extremen forderte diese strenge Landschaft über Jahrhunderte hinweg den Menschen ihre allerletzten Kraftreserven ab. Aber die Pracht, die sie im Lauf der Jahrhunderte dem Dauerstreß von Hitze und Trockenheit abrangen, kann selbst weitgereisten Indienfahrern immer wieder den Atem verschlagen.

Oasen der Selbstbehauptung sind Rajasthans mächtig ummauerte Städte und Forts, die Paläste der Rajputen und die Havelis, die Stadthäuser der Mewari-Kaufleute, die am Karawanentransport reich wurden. Erstaunlicherweise wirken ihre Hallen und Höfe nicht düster und schwer – im Gegenteil: Mit Gold und Purpur, mit Spiegelwänden und farbigem Glas zeugen sie vom Sinn für Schönheit und von der Lust an stolzer Selbstbestätigung. «Land der Könige», «Land der Herrscher» heißt Rajasthan auf deutsch.

Wenn man im Wüstendreieck der Maharaja-Residenzen Bikaner-Jodhpur-Jaisalmer unterwegs ist, kann es Stunden dauern, ehe man auf dem oft sandüberwehten Asphaltband in den nächsten größeren Ort gelangt. Am längsten streckt sich die Reise von Delhi zur Karawanenstadt Jaisalmer, da ist man schon nah der Grenze zu Pakistan. Ein honiggelber Mauerring aus tonnenrunden Bastionen, überschwer, als müßten sie unweigerlich in den

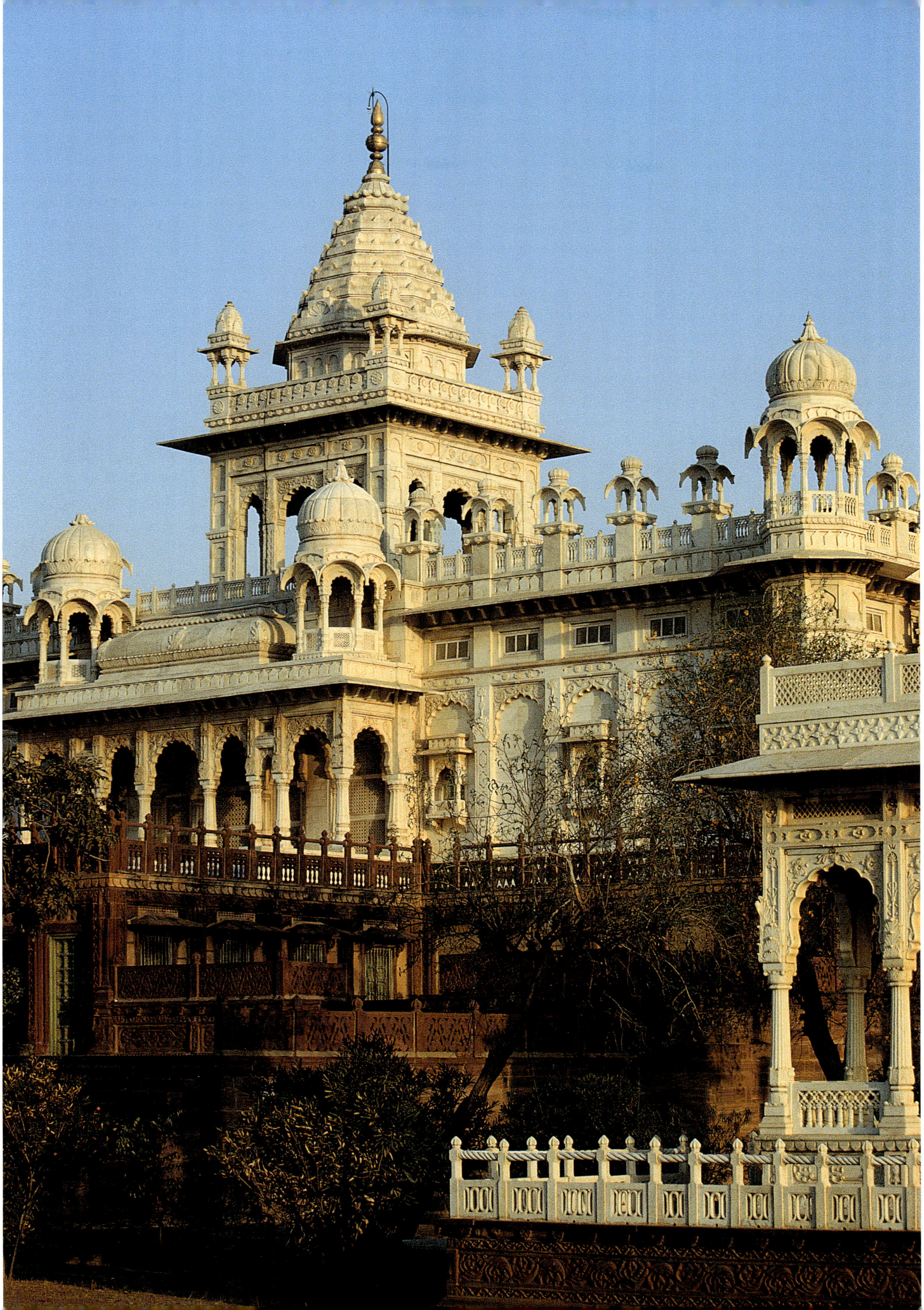

nächsten Minuten schon die schrägen Sandhänge des Forthügels hinabrutschen: Das ist der erste Eindruck von der über 800 Jahre alten Karawanenstadt. In den Jahrzehnten nach dem Zweiten Weltkrieg, als der Handel längst schon nicht mehr auf den Karawanenwegen, sondern über Bombay lief und die neue Grenze zum Muslim-Staat Pakistan die Stadt nach Westen hin isolierte, wäre Jaisalmer vielleicht ganz aufgegeben worden. Die strategische Notwendigkeit, Indiens Westflanke gegen Pakistan zu schützen, war vermutlich die Rettung für die bald 900 Jahre alte Stadt: Sie führte um 1970 zum Ausbau der Straße und der Bahnlinie ins 300 Kilometer entfernte Jodhpur, zwanzig Jahre später bekam die Straße eine zweite Fahrbahn.

Heute ist «The Golden City of Jaisalmer» einer der starken touristischen Magnete Rajasthans. Tausende bestaunen die unglaublich kunstvollen Steinschnitzereien, die bis zum Dach hinauf die Fassaden der Altstadt überziehen. Sie durchwandern den labyrinthischen siebenstöckigen Palast und sie erkunden hoch zu Kamel den «Desert National Park» südlich von Jaisalmer. Auf Wanderdünen und indische Gazellen trifft man im 3000 Quadratkilometer großen Nationalpark, sitzt zur Nacht in der Lagerfeuerrunde und blickt aus dem Schlafsack in einen grandios funkelnden Sternenhimmel.

Die scheinbare Einsamkeit der Wüste Thar trügt jedoch. In der für Unkundige wasserlosen Wüstenweite finden Ziegenhirten ihr Auskommen, bitten den Fremden in ihre Steinhütte hinter mannshohem Dornbuschverhau, bieten Tee an und etwas zu essen. Ein Halbdutzend Kinder an der niederen Tür machen große Augen. Die Thar, sagen die Geographen dazu, ist weithin semiarid (wörtlich: halbtrocken), also nicht vegetationslos. In zwei Oasen wenige Kilometer von Jaisalmer wachsen hochstämmige Bäume über Gemüsefeldern, glänzt ein kleiner See auf, der erst im Sommer austrocknet. Zierliche weiße Säulenpavillons haben die Rajputen in der Oase Bada Bagh erbaut, es sind die Chattris, die Totengedenkstätten (aber keine Grabstätten!) für ihre Vorfahren.

Glanz und Gloria Rajasthans: Der Hawa Mahal, der Palast der Winde, 1799 in Jaipur als Ausguck ins Straßenleben für die Palastdamen erbaut (oben), Dorffrauen der Haryans, der «Unberührbaren», in überreichem Schmuck (Mitte) und Goldschmiedearbeiten in Shekawati (unten).

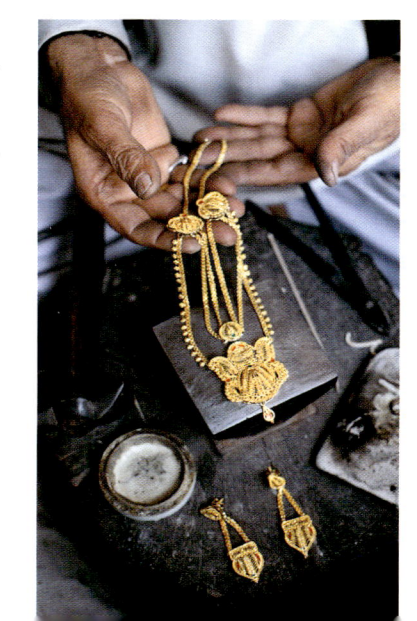

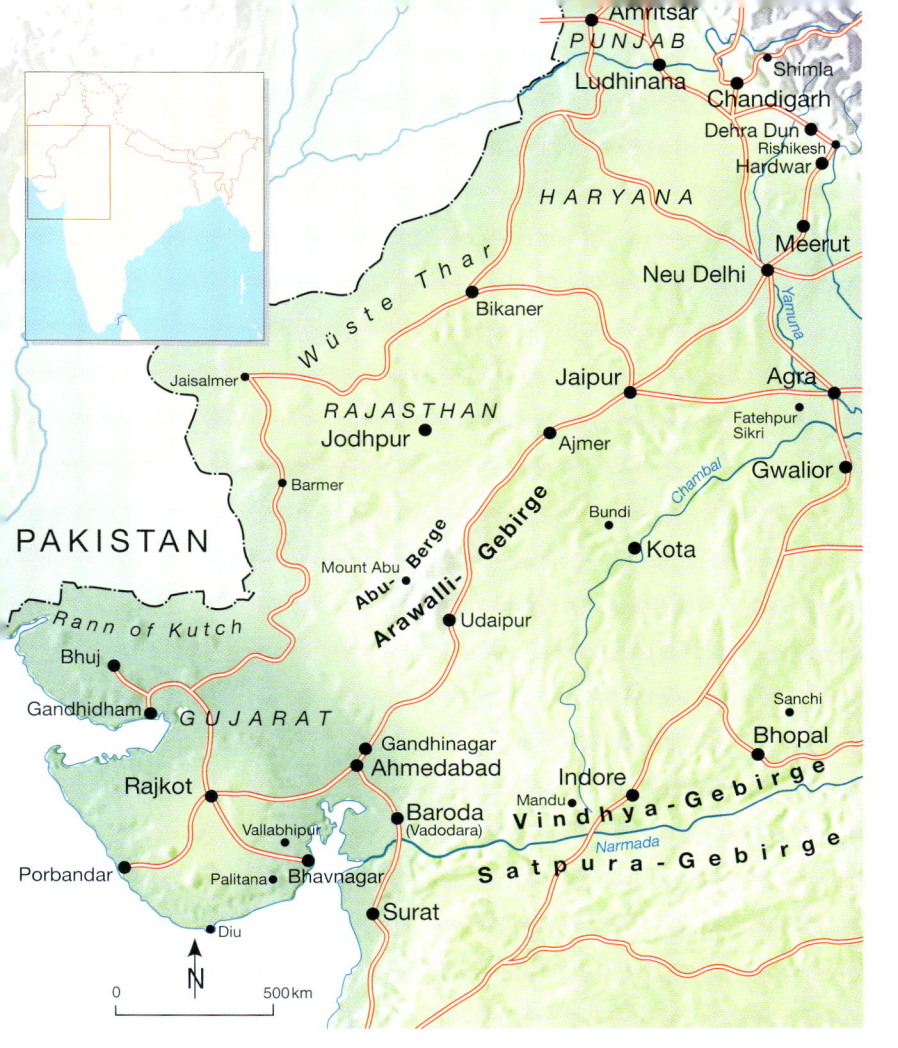

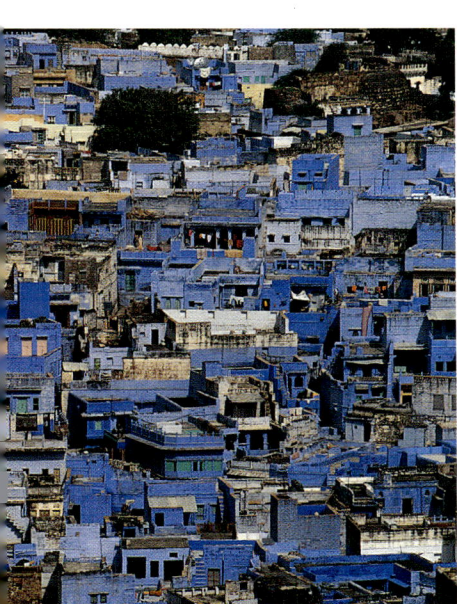

So grün kann Rajasthan sein

Rajasthan ist im indischen Universum eine Welt für sich. Hinreißend schön leuchten die Farben im klaren Licht der Wüste: das kräftige Karmin oder Orangegelb der Turbane, das Purpur und Blau der Frauengewänder, das Silber am Geschirr der Kamele, das blendende Weiß von Tempeln.

Auch die Lebensfarbe Grün fehlt nicht in Rajasthan. Nicht nur Oasen der Thar zeigen das Grün von Palmen und Feldern, ganze Wüstenlandstriche verwandeln sich in Bauernland. Zum Anfang des dritten Jahrtausends ist der rund 700 Kilometer lange Ganga-Kanal, mit seinen Nebenkanälen das größte Bewässerungsprojekt Indiens, nach jahrzehntelanger Arbeit fast vollends verwirklicht worden. «Indira Gandhi Nagar» (IGN) wurde es neu benannt, als 1984 Sikh-Leibwächter die Ministerpräsidentin ermordet hatten. Der Beginn der Planungen reicht viel weiter zurück. Er stand im Zeichen der «Grünen Revolution» und damit in einer Reihe mit vielen anderen landwirtschaftlichen Anstrengungen, die Indien für immer von Hungersnöten befreien sollten. Auf eine kurze Formel gebracht, heißt die Idee «Wasser vom Himalaya für die Wüste Thar».

Bereits am Ende der achtziger Jahre konnten mit Wasserreserven aus Himachal Pradesh und dem Punjab Hunderttausende von Hektar Land im Norden Rajasthans bewässert werden. Um Ganganagar und Bikaner ernten die Neusiedler auf ehemaligem Wüstenland Zuckerrohr und Weizen, Ölsamen und Baumwolle. In den neunziger Jahren arbeiteten sich die Kanalbauer durch den Distrikt Jaisalmer auf Barmer im äußersten Südwesten Rajasthans zu. Schon begrüßt der «Wüstenstaat»

Gujarats, ja sogar Indiens herrlichster Tempelberg: Palitana, das Heiligtum der Jains (oben). Blick vom gewaltigen Fort auf die blauen Häuser Jodhpurs (links). Trotz der Last auf ihren Köpfen lächeln die Wasserträgerinnen in Gujarat (rechts).

Fortsetzung Seite 80

In der Shekawati-Stadt Churu.

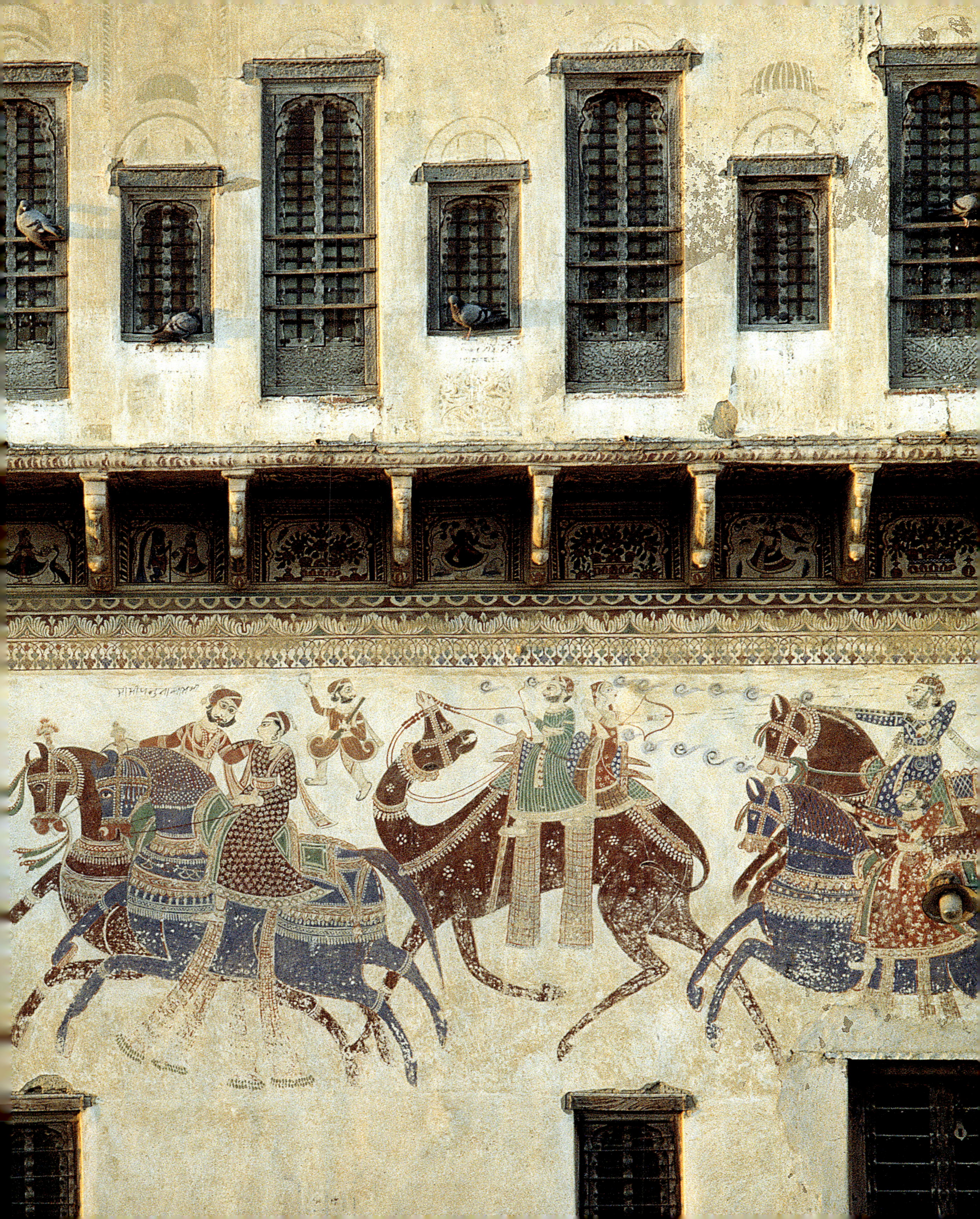

Die Märchenpracht überlebt

Indien und seine Maharajas

Paläste, Elefanten, Tigerjagden und Juwelen – das war jahrhundertelang das unentbehrliche Zubehör eines jeden besseren Maharajas. Erstaunlich, aber wahr: Viele Familien der ‹großen Fürsten› (Maharaja) erfreuen sich auch heute noch fast derselben Annehmlichkeiten. Bis auf die Tigerjagd, die auch sie nur mit der Kamera ausüben dürfen.

Was die Elefanten betrifft, so genießen viele Maharaja-Familien so hohes Ansehen, daß ihnen bei einem Festumzug allemal ein reichgeschmückter Elefant samt Mahout (Elefantenführer) zur Verfügung gestellt wird.

1 Der Pfau, das dritte Wappentier Indiens, schlägt sein Rad im Stadtpalast von Jaipur. – 2 Zum Hotel wurde der Sommerpalast Lalitha Mahal des Maharajas von Mysore. 3 In Sänften getragen zu werden, gehörte zum Lebensstil. – 4 Wandmalerei in Bundi/Rajasthan: Der Fürst freut sich an den Schönen seines Palastes.

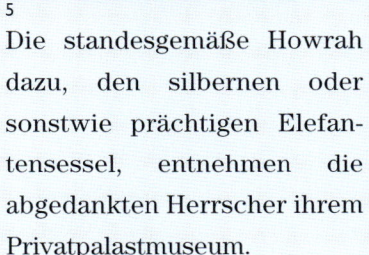

Die standesgemäße Howrah dazu, den silbernen oder sonstwie prächtigen Elefantensessel, entnehmen die abgedankten Herrscher ihrem Privatpalastmuseum.

Über fast ein Jahrtausend hin wechselte die Politik der Maharajas gegenüber ihren Gegnern – voran den muslimischen Moguln und später der britischen Kolonialmacht – zwischen erbittertem Widerstand und Bündnissen, die teils erzwungen, teils aus freien Stücken geschlossen wurden. 1947 widersetzten sich nur wenige dem Appell, die Herrschaft in ihren Fürstentümern an die gewählte Regierung des unabhängigen Indien abzugeben. Einzelne unnachgiebige wurden mit Waffengewalt zur Abdankung gezwungen. Nach 1971 nahm Indira Gandhi den Fürsten nach der Macht auch ihre Privilegien und staatlichen Zuwendungen. Von den Thronsesseln ihrer rund 600 großen, kleinen und sehr kleinen Fürstentümer wechselten etliche Maharajas auf Parlamentssitze oder Ministersessel, andere wurden Unternehmer, wieder andere zehrten ihr Erbe auf und reihten sich schließlich ins Heer der gewöhnlichen Sterblichen ein. Den exzessiv verschwenderischen Lebensstil ihrer Großväter und Urgroßväter zur Zeit des britischen Raj haben die meisten abgelegt, erhalten aber blieb die fabulöse Pracht ihrer Paläste. In vielen sind Touristen als Hotelgäste herzlich willkommen.

5 Festzug wie in alten Tagen in Varanasi, zum Ram Lila, mit theatralischen Darstellungen des Helden Rama, dessen Taten das Epos Ramayana erzählt.
6 Pavillon vor dem Palast von Mysore. – 7 Mit buntem Glas: die Räume der Maharani im mächtigen, stadtbeherrschenden Fort von Jodhpur. – 8 Noch weiter im Süden: die große Halle des Tirumalai-Palastes aus dem 17. Jahrhundert. – 9 Gruppenbild von Maharajas aus dem Jahr 1931.

während kräftiger Monsunregen Wasserüberschüsse, von denen längs des Kanals künstliche Seen gespeist werden. Demnächst will man den Touristen Kanalfahrten anbieten, berichteten uns beim letzten Besuch stolz die Manager des Fremdenverkehrs.

Von Natur aus ist Rajasthan an den Arawalli-Hängen und weiter nach Süden in weiten Gebieten fruchtbar, dort schon ähnlich dem Tiefland des benachbarten Bundesstaats Gujarat. Zumal im Hadaoti-Land im Südosten Rajasthans um die Städte Kota und Bundi ist Dürre eine Seltenheit, denn der Chambal-Fluss führt das ganze Jahr über Wasser. Palmen und waldgrüne Täler, wohlbestellte Felder dominieren im schönen Landschaftsbild. Zu-

Ende Januar/Anfang Februar strömen Tausende zum Kamel- und Viehmarkt von Nagaur südöstlich von Bikaner (oben und rechte Seite).

werk, im anderen ein achteckiges Schlafzimmer mit farbig eingelegtem Glas an den Wänden, in einem dritten zwei Hallen voller Trophäen und Fotografien der zugehörigen Jagdgesellschaften.

Die Malschule von Bundi

Erst recht wie ein surrealer Traum wirkt im nur vierzig Kilometer entfernten Bundi das turmhoch an eine Felswand gelehnte Architekturlabyrinth des Garh-Palastes, der unter Kennern berühmt ist für seine Wandmalereien. Die Künstler des Bundikalam, der «Bundi-Malschule», haben Raum um Raum, Innenhöfe und Terrassen mit märchenschönen Gärten, Göttern und Schlachtgetümmel ausgemalt, sie zeigen Gott Krishna mit seinen badenden Gespielinnen, kämpfende Elefanten und fürstliche Gelage, so daß man bei jedem Besuch neue überraschende Details entdeckt. Leider weist Bundis an sich gut erhaltene Bilderherrlichkeit an vielen Stellen böse Schäden auf. Jahrelanger Erbstreit unter den Nachkommen des letzten regierenden Maharajas, heißt es, hat die überfälligen Restaurierungen verzögert.

gleich ist die Hadaoti-Region auch der wichtigste Industriestandort Rajasthans, unversehens kommen turmhohe Schornsteine in den Blick und auch das einzige Kernkraftwerk Rajasthans.

Kontrast auf Kontrast: In den Altstadtvierteln von Kota und Bundi glaubt man sich zwischen Rikschas und Lastträgern im basarbunten Gedränge in ein Indien von vorgestern versetzt. Hoch über dem Chambal-Fluß stehen in Kota die Mauern des Chauhan-Forts, im 17. Jahrhundert erbaut. Riesige Elefantenskulpturen schmücken die Torbauten, riesig sind auch die Schlösser an den gewaltigen hölzernen Torflügeln. Dahinter warten dämmrige Amtsstuben voller vergilbter Akten in einen Stock-

Tatsache ist aber auch, daß dieser Winkel Rajasthans erst von einer touristischen Vorhut entdeckt worden ist und noch zu jenen indischen Regionen zählt, die von Reiseveranstaltern gern zum «Geheimtip» erklärt werden. Manche kommen in keinem Rundfahrtprogramm vor, weil zum Beispiel sämtliche Unterkünfte noch zu weit vom modernen Standard entfernt sind. In Kota und Bundi stehen jedoch die Türen auch für Gäste mit Ansprüchen offen, das eine und andere Haveli (Stadthaus) ist von seinem Besitzer zum Hotel umgebaut worden.

Die fabelhafte Pracht der Paläste

Wer gern in Palasthotels absteigt, ist in Rajasthan richtig: In jeder größeren Stadt hat man die Auswahl unter mehreren Palästen mit Garten, Grandeur und nostalgischem Dekor. Je nach Preislage steht luxuriöser Komfort zu erwarten, wenn auch kaum ein Heritage-Hotel garantiert, daß die da und dort noch historische Wasserspülung perfekt ihren Dienst tut. Selbst im abgelegenen Shekawati, dem Land der gemalten Städte im Norden Rajasthans, fehlt es nicht an noblen Unterkünften. Einige fürstliche Jagdhäuser in Rajasthans Nationalparks und Tigerschutzgebieten wurden gleichfalls Hotels, wie der erst jüngst renovierte «Sariska-Palace» im gleichnamigen Park, rund hundert Kilometer nördlich von Jaipur. Erfüllt von der Idee, den architektonischen Glanz der Vergangenheit zu erneuern, errichten Hotelbauherrn hier einen Palast ganz neu, wie das «Jagat Singh Palace» Hotel beim heiligen See von Pushkar, erwecken dort einen anderen aus Ruinenverfall, wie das grandiose Bergschloß Bambora bei Udaipur.

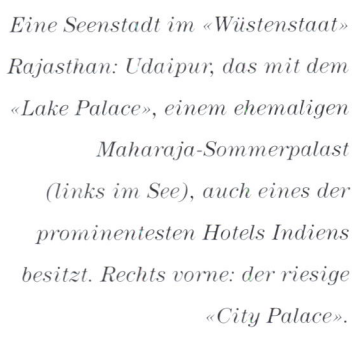

Eine der edelsten Adressen ist in der Hauptstadt Jaipur der «Rambagh Palace», den die schöne Maharani Gayatri Devi mit ihrem Gatten Man Singh II. in ein Spitzenhotel inmitten einer üppigen Gartenlandschaft verwandelte. Noch berühmter

Eine Seenstadt im «Wüstenstaat» Rajasthan: Udaipur, das mit dem «Lake Palace», einem ehemaligen Maharaja-Sommerpalast (links im See), auch eines der prominentesten Hotels Indiens besitzt. Rechts vorne: der riesige «City Palace».

als Jaipurs «Rambagh» ist Udaipurs «Lake Palace», einst der Sommersitz der Mewar-Dynastie, der mit seinen Gartenhöfen und Lotusteichen ein ganzes Eiland vis-à-vis vom opulenten «City Palace» ausfüllt, ein Inselhotel von prinzlicher Exklusivität. Wer dem indischen Leben nahe sein möchte, sucht sich freilich ein anderes Quartier. Mit seinen künstlichen Seen, mit seinen Parks und den Ateliers der Miniaturmaler in der Altstadt, mit Tempeln, Wildreservaten und Kunsthandwerkerdörfern im Umkreis ist Udaipur einer der angenehmsten Plätze ganz Indiens. In Jodhpur entstand in den dreißiger Jahren des 20. Jahrhunderts der letzte große Palastbau eines regierenden Maharajas, der «Umaid Bhawan Palace», ein immenser Schloßbau, der unter seiner Kuppel ein Hotel oberster Klasse im Art-Déco-Design, ein unterirdisches Bad und ein Palastmuseum versammelt.

Schönheit für Götter – unübertroffen ist die Kunst des steinernen Dekors in den Jaintempeln Rajasthans und Gujarats. Dilwara-Tempel in Mount Abu (oben). – Hindu-Tempel der Karni Mata in Deshnok bei Bikaner – hier haben Ratten als Inkarnationen von Sängern und Dichtern ein Refugium (unten).

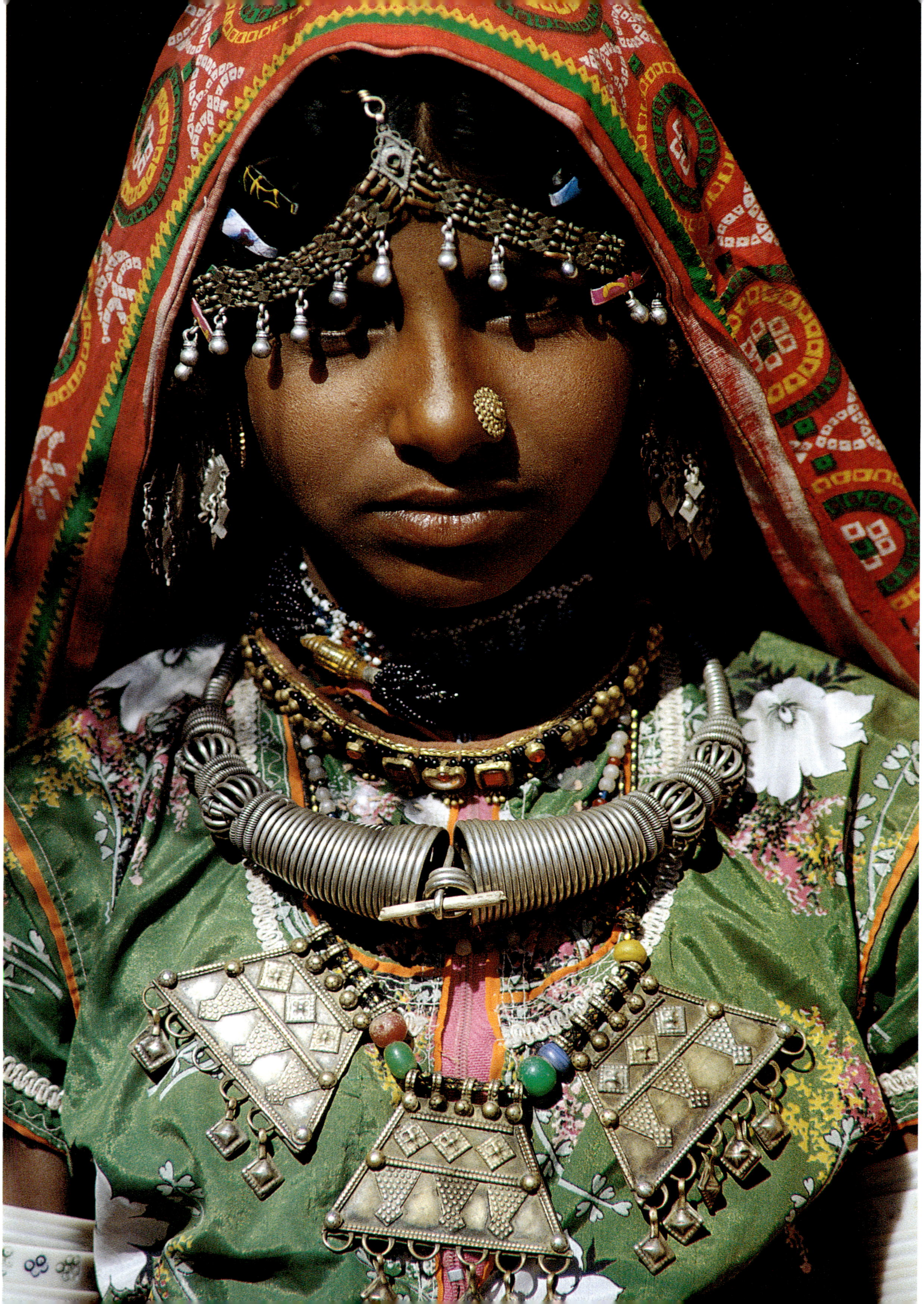

Gujarat: Tempelberge und Gandhi-Gedenken

Neuerdings reist, wer es luxuriös liebt, auch durch Gujarat mit den historischen Zügen «Royal Orient» und «Fairy Queen». Gujarat, rund 200 000 Quadratkilometer und damit nur etwas mehr als halb so groß wie Rajasthan, besetzt mit traditionell starker Textilindustrie, mit Chemie und Bergbau einen Wachstumsplatz auf der Wohlstandsskala, und es tritt jetzt auch aus dem touristischen Abseits heraus. Die schönsten Palmenstrände an der Südküste Gujarats gehören allerdings zu der ehemaligen – bis 1961 portugiesischen – Kolonie Diu. Diese winzige Insel von nur 40 Quadratkilometern Fläche hat ihre verträumte Ferienatmosphäre bewahrt, auch nach der Wiedereröffnung des Flughafens, der bei der Vertreibung der Portugiesen zerstört worden war und über drei Jahrzehnte lang ruhte.

Gujarat hat eigene, noch kaum erschlossene Strände am Arabischen Meer. In Lothal, rund 80 Kilometer südlich der Drei-Millionen-Stadt Ahmedabad, dem «Gateway to Gujarat», sind die Reste eines Hafens der Harappa-Kultur zu sehen, der vor 4000 Jahren eine Handelsstation zwischen Ägypten und Persien war.

Ein indienweit einmaliges Erlebnis ist der Aufstieg über 3300 Stufen zu den weißen Jain-Tempeln von Palitana westlich der Hafenstadt Bhavnagar. Allabendlich wird diese bald tausendjährige Tempelstadt von allen Priestern, Helfern und Besuchern verlassen, jeden Morgen öffnet sie kurz nach Sonnenaufgang ihr Tor neuen Pilgerscharen. Nach der Überlieferung empfingen Tirthankaras, die «Furtbereiter» des Jain-Glaubens, hier ihre Erleuchtung. Palitana, das Heiligtum auf dem 600 Meter hohen Shetrunja-Gipfel, ist nicht der einzige Tempelberg Gujarats. Mit Hunderten oder Tausenden steigt man die Treppen zum Girnar-Berg (etwa 1000 Meter hoch) bei Junagadh hinauf, wo Jain- und Hindu-Priester und Sadhus mit bemalten Gesichtern unter flatternden, bunten Gebetsfahnen beten und meditieren.

Von der alten Maharaja-Residenz Junagadh mit ihrem Fort Uparkot ist der Hafen Porbandar nur gut hundert Kilometer entfernt. Hier wurde am 2.Oktober 1869 Mohandas Karamchand Gandhi geboren, Indiens großer Lehrer des «Ahimsa», des gewaltlosen Widerstands gegen Unrecht und Ausbeutung, und des «Satyagraha», des «Ergreifens der Wahrheit». Das Kirti Mandir, sein Geburtshaus, beherbergt eine kleine Gedenkstätte. Wichtig für Indiens Weg zur Befreiung von der britischen Kolonialherrschaft wurde Gandhis «Sabarmati Ashram» am Fluß gleichen Namens in Ahmedabad, wo er ein Leben in Armut führte und die Kräfte des Widerstands sammelte. Der Dichter Rabindranath Tagore, Indiens erster Nobelpreisträger, gab ihm damals den Namen «Mahatma» (Große Seele). Die Gedenkstätte am Sabarmati zeigt Gandhis Spinnrad und dokumentiert die berühmt gewordene Gandhi-Aktion des zivilen Ungehorsams, den «Salzmarsch» an die Küste Gujarats, mit dem er gegen das Verbot der Briten protestierte, Salz herzustellen.

Mit Silber und leuchtenden, starken Farben, mit Halsketten und Armreifen aus Edelsteinen schmücken sich die Frauen überall in Indien. Aber Rajasthan und Gujarat überglänzen alles andere, und vor allem aus dem Kutch, im Westen Gujarats, kann man Bilder wie diese heimbringen.

Rajasthan ist auch das Land der Paläste, Burgen und Totenmale, der Chattris – berühmt ist die Wendeltreppen-Architektur der Nawab-Gedenkstätten von Junagadh in Gujarat (oben), von großartiger Kraft sind die Mauern des Wüstenforts Jaisalmer, der goldenen Stadt (rechts). – Leuchtend im Abendlicht: Chattris in Bhuj (unten).

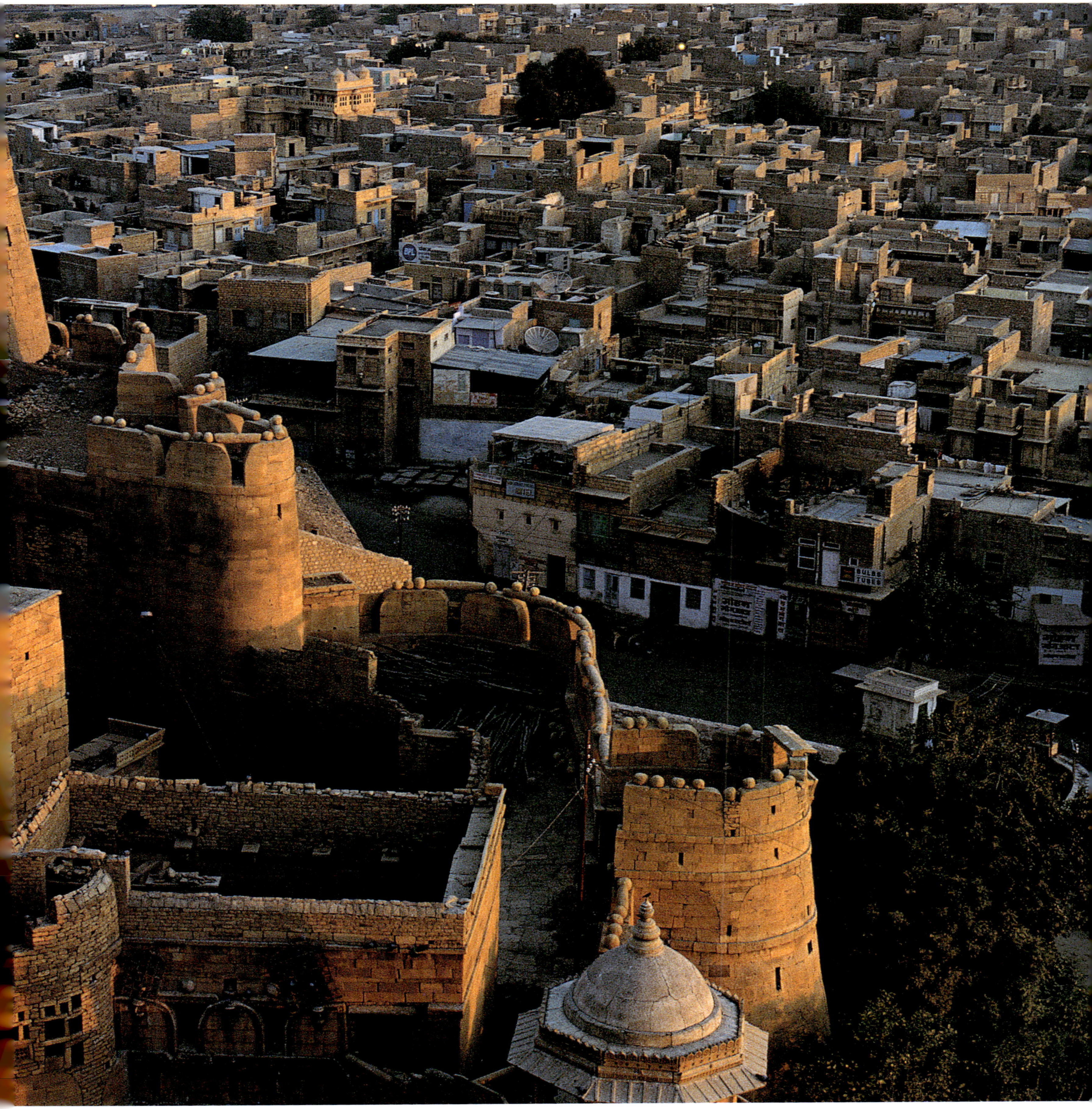

Der lange Weg zur Erlösung

Sadhus – Brahmas Aussteiger

1 Festumzug zu Ehren eines toten Gurus. – 2 Während der großen heiligen Feste versorgen Ashrams die Pilger. – 3 Im Stadium der Trance spüren die Sadhus keine Schmerzen. – 4 Statt auf einem Nagelbrett liegt der Wanderasket auf Dornenbüschen. 5 Yoga wird bis ins hohe Alter praktiziert – dieser Sadhu ist über achtzig Jahre alt. – 6 Der Asket auf dem Nagelbrett, in der westlichen Welt als Fakir bekannt, ist nur noch ganz selten in der Öffentlichkeit zu sehen.

Abschied von der Familie, von Haus und Besitz: Das ist nach dem Schüler-Dasein und der sozialen Rolle als Hausvater («Grihastha») die dritte Lebensstufe eines gläubigen Hindus. Nach der Geburt des ersten Enkels zieht sich der Mann zur Meditation in Waldeinsamkeit zurück, seine Frau darf ihn begleiten. Die totale Trennung von allen Bindungen kann in einer noch folgenden vierten Lebensstufe als Wanderasket («Sannyasin») gelebt werden. Wie im 20. Jahrhundert werden wohl auch noch im 21. Menschen aus allen Gesellschaftsschichten dieses Lebensmuster verwirklichen. Der Sadhu entscheidet sich viel früher für den Ausstieg aus den üblichen sozialen Bindungen und für den Einstieg in den Weg zur geistig-seelischen Erleuchtung. «Zum Ziel gelangen» bedeutet das Wort «Sadh» im Sanskrit. Für den Hindu heißt das vor allem: das «Karma», die Folge guten und bösen Handelns, so zu gestalten, daß er dem peinvollen Kreislauf («Samsara») von Leben und Tod entkommt und «Moksha» erreicht, die Erlösung und

Befreiung. Seine befreite Seele («Atman») wird in der Weltseele («Brahman») aufgehen. Ein Guru wird dabei helfen, und den richtigen zu finden, ist die erste, oft erst nach Jahren bewältigte Aufgabe. «Sannyasin», wörtlich «Entsager», wird der Aussteiger im Namen Brahmas genannt. Wie einem Gott in Menschengestalt unterwirft er sich seinem Guru, wird mit der Bettlerschale bis auf den Himalaya wandern oder sich nicht von der Stelle rühren, wird sich alle Haare scheren oder die Strähnen bis zu den Füßen wachsen lassen. Das «Tilak», das farbige Stirnzeichen, oder auch die Farbe seines Gewandes zeigt an, ob der Sadhu einer klösterlichen Gemeinschaft zugehört, und welcher – nicht jeder ist Einzelgänger. Auch Frauen gehören Sadhu-Gemeinschaften an, «Sadhvis» oder «Sannyasinis» genannt, und es sind gar nicht wenige. Von den männlichen Mitgliedern halten sie sich getrennt. Nicht allein Gebet und Meditation sind Lebensinhalt von Sadhus und Sadhvis, sie helfen auch Ratsuchenden und Kranken, leisten Dienst an der Gemeinschaft.

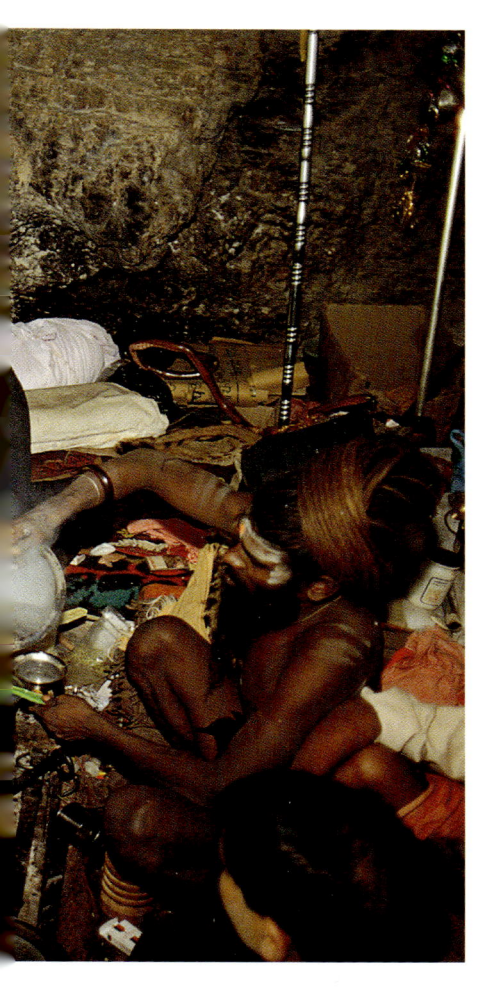

Immer ist auch das Gegenteil wahr. Andere Sadhus haben höchst irdische Karrieren im Sinn, möchten vom frommen Fußwanderer zum Groß-Guru im Rolls-Royce avancieren und sich in der Schweiz oder in den USA von spendenfreudigen Anhängern umdrängen lassen. Mit magischen Tricks und einer Portion Charisma bringt es mancher Sadhu weit, wenn auch nicht unbedingt zu «Moksha». Wieder andere sind arme Teufel ohne spürbares spirituelles Verlangen, schon zufrieden, wenn sie mit Betteln für ihren Lebensunterhalt aufkommen können. Lassen sie sich dafür beispielsweise bis zu den Schultern eingraben, oder doch, um sich selber mit äußerster Askese von Irdischem zu entfernen? Nicht etwa der Kopf des Eingegrabenen schaut heraus, sondern Leib und Füße. Der Fakir-Kopfstand bei reduziertem Stoffwechsel und minimaler Atmung kann Stunden dauern. Was wahr ist, was falsch an der Sadhu-Heiligkeit, erfährt vielleicht, wer sich Zeit nimmt für ein langes Gespräch und einen geduldigen Dolmetscher hat. Auch in Indien spricht nicht jeder Pilger englisch.

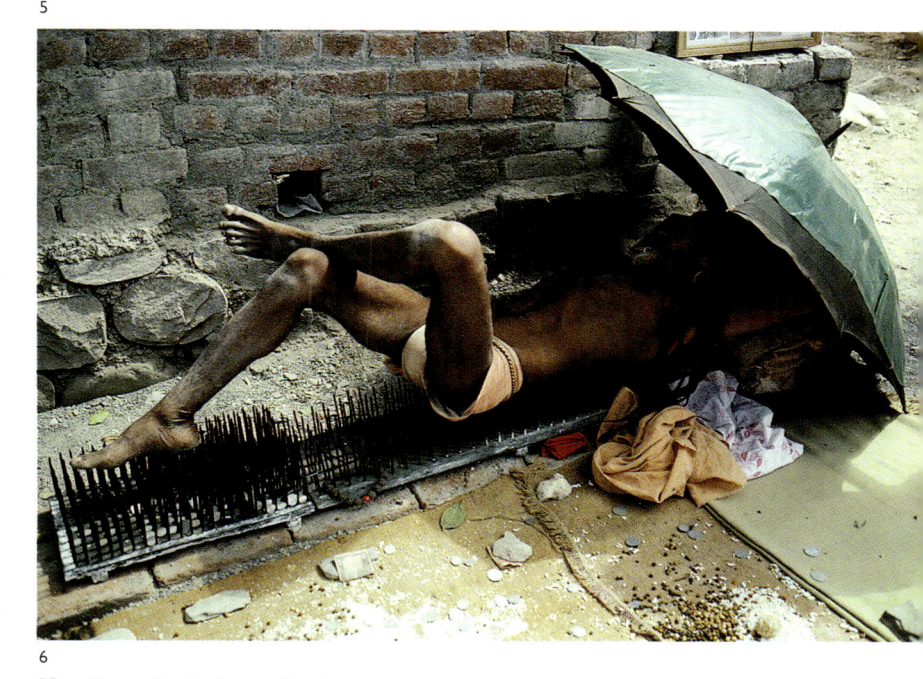

Traumfabrik, Tycoons und Tempelhöhlen

Mumbai (Bombay) und die Mitte

Eine der großartigsten Tempelstätten Indiens ist Ellora, von Mumbai aus über Aurangabad zu erreichen: In einem der Höhlentempel ist Buddha im Parinirvana, im «höchsten Nirvana», in der Befreiung von allem Irdischen dargestellt (oben). In den Tempeln haben Tausende von Steinmetzen ihr Können bewiesen (rechts). Gedränge in Mumbai – für Fahrzeuge gibt's kein Durchkommen (rechte Seite).

Salaam Mumbai! Indien erlebt man nicht nur mit Augen und Ohren – mit einem Mumbai-Cocktail für die Nase empfängt die Metropole einen jeden, der aus der Aircondition-Kabine seines Fliegers in die schwüle, feuchtschwere Nachtluft tritt. Ihrem unverwechselbaren Aroma aus Rauchgasen und einem Hauch tropischer Pflanzenfäulnis ist, eine Prise Meeresluft beigegeben. Wo heute die dynamischste, die westlichste und für westliche Besucher auch verwirrendste Stadt Indiens zwölf oder mehr Millionen Einwohner zählt, bewohnten vor fünfhundert Jahren nur ein paar Fischer die Inseln im sumpfigen Küstengebiet. Sie beteten zu einer Göttin namens Mumbai. Die Portugiesen kamen als neue Herren, nach ihnen 1661 die Briten, und der Ort hieß nun Bombay. Heute ist der alte Name Mumbai wieder der offizielle der Stadt. Geldtürme wachsen in Mumbais Himmel. Wie in keiner anderen indischen Stadt wird hier sehr hoch gebaut und sehr gut verdient.

Warum ist gerade Mumbai imstande, zum indischen Manhattan emporzuwachsen? Sicher ist: Der Hafenplatz überrundete schon zur Zeit der East India Company die ältere Konkurrenz der Häfen im südindischen Kerala. Diese lagen für den gesamtindischen Handel zu weit südlich. Seit 1853 die erste Bahnlinie von Mumbai ins Hinterland eröffnet wurde, liefen die Geschäfte noch besser. Das Stadtgebiet wuchs mit immer neuen künstlichen Aufschüttungen, aus der Inselgruppe wurde eine einzige große Halbinsel. Längst ist sie zu klein geworden für die Invasion der

Hotel
AL-HARAM
Famous
NAGORI DAIRY
International
TOURS
NOORAN
MILK

Kontraste der Architektur: Der sogenannte indo-sarazenische Stil vermischt sich mit viktorianischer Neo-Gotik, der das Bombay des 19. Jahrhunderts prägte (rechts). Aus dem 15. Jahrhundert stammt der Palast des Raja Mansingh in Gwalior (Mitte). Immer mobil in Mumbai (unten).

Busstation streben. Armut in Mumbai ist für viele kein Elend ohne Hoffnung, sondern lediglich ein Zwischenstadium.

Indiens berühmtestes Hotel

«Lifeseeing, nicht Sightseeing» lautet die Empfehlung. Nicht die Denkmäler, sondern vor allem das Leben Mumbais wahrzunehmen! Britannias Kolonialbauten im pompösen indo-neogotischen Mischstil geben skurrile Kulissen ab für die von Leben berstenden Straßen. Das «Gateway of India» am Hafenkai, mit beträchtlicher Verspätung zur der Krönung von George V. zum Kaiser von Indien erbaut, ist immer noch Wahrzeichen der Stadt – turmhoch überragt vom neuen Hochhaustrakt des Taj-Mahal-Hotels. Jeder in Mumbai kennt seine Geschichte. Als dem ersten indischen Tycoon Jamjetsi Tata (1839–1900) der Zutritt zu einem Hotelrestaurant der Kolonialherren verwehrt wurde («Europeans only»), revanchierte er sich nach Gentleman-Art für diese Diskriminierung. Er beschloß, das beste Hotel seiner Zeit zu bauen. Das «Taj Mahal» ist noch nach einem Jahrhundert das berühmteste Hotel Indiens.

Sehr indisch bunt mit Gauklern, fliegenden Händlern und aufsteigenden Papierdrachen ist das Leben am weiten Strandbogen der Chowpatty Beach. Auf dem benachbarten Malabar-Hügel wohnen dem Vernehmen nach in fast jedem Haus Millionäre, aber seit je hat in diesem exklusiven Ambiente auch die kleine Minderheit der Parsen ihre «Türme des Schweigens». Raubvögel kreisen über den dort abgelegten Toten. Sie werden nicht bestattet, da sie weder Feuer noch Wasser oder Erde verunreinigen sollen.

Arbeitssuchenden. Darum breitet sich «Greater Mumbai» mit Massen-Urbanisationen immer weiter auf dem Festland aus. Kaum ein Tourist verirrt sich dorthin. Doch vergißt man es nicht mehr, wenn man eine solche alltägliche Szene vor Augen hat: wie aus den Anhäufungen von Blech und Plastikplanen vor Bürobeginn junge Männer in tadellos gebügeltem Hemdenweiß zur

Bunte Märkte, Seiden und Juwelen

Eine Augenlust, für manche sogar der schönste Platz Mumbais ist der «Mahatma Jyotiba Phule Market», auch als Crawford Market bekannt, eine von Farben und Düften überbordende, von Obst- und Gemüsegebirgen, von Händlerrufen und Vogelstimmen

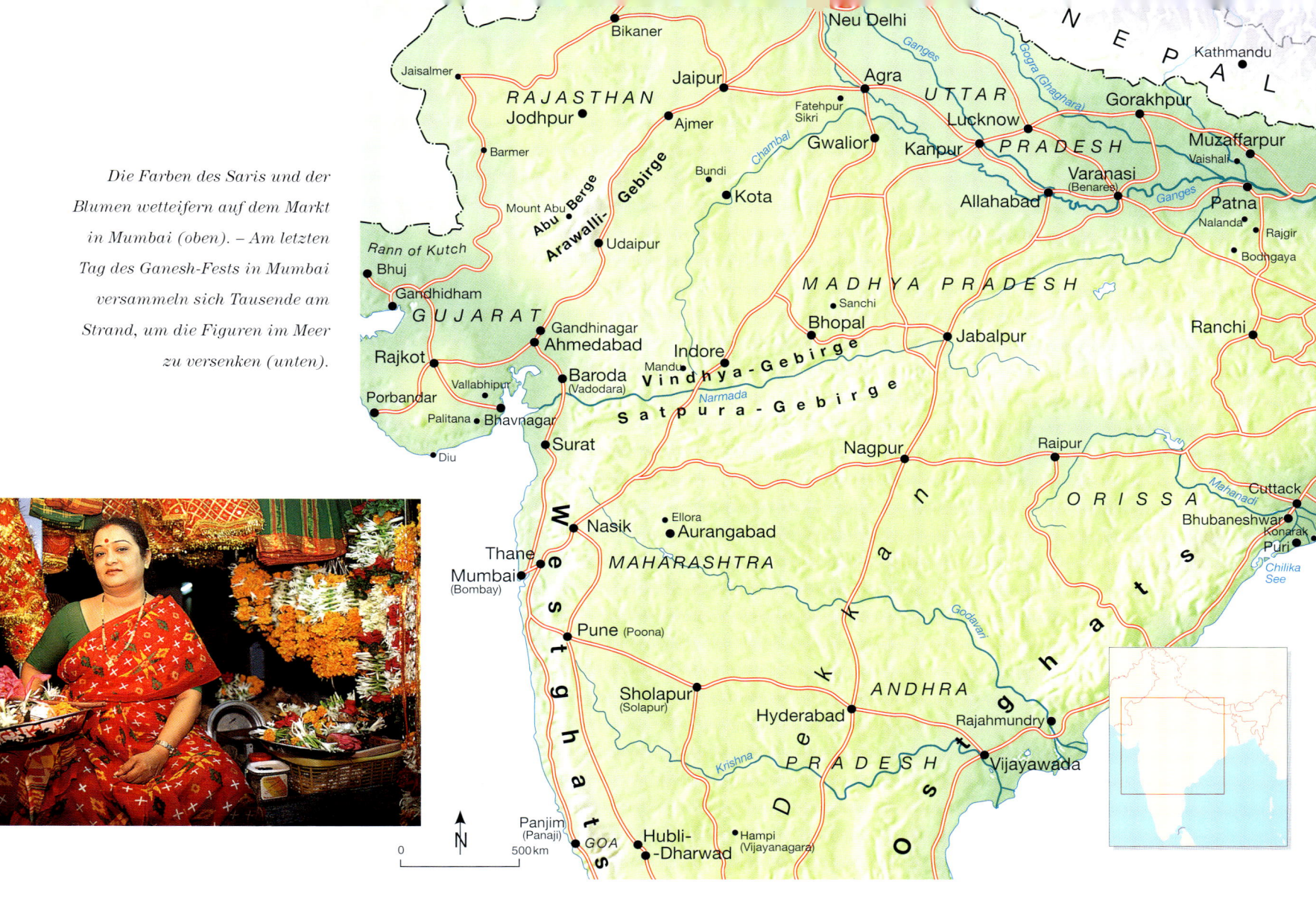

Die Farben des Saris und der Blumen wetteifern auf dem Markt in Mumbai (oben). – Am letzten Tag des Ganesh-Fests in Mumbai versammeln sich Tausende am Strand, um die Figuren im Meer zu versenken (unten).

erfüllte Halle von 1871. Kauflustige machen sich auch zum Chor's Basar auf, dem urigsten Flohmarkt der Stadt. Größere Summen werden in den Modehäusern für hinreißende Seidenstoffe eingesetzt. Zu erschwinglichen Kostbarkeiten des Orients zählen die handgeschöpften, oft mit Miniaturen geschmückten Schreib- und Dekorationspapiere. Im Zaveri-Basar breiten Hunderte von Juwelieren, Gold- und Silberschmieden ihre Schätze aus.

Mumbais neue Yuppie-Gesellschaft ist trendorientiert. Mehr als an Tempeln oder Moscheen ist sie an den neuesten Kinohits interessiert, wird in «Bollywood» doch ein Löwenanteil der indischen Filmproduktion gedreht – und die ist gigantisch (siehe Seiten 96 und 97). Tritt man in den Hallen des Prince of Wales-Museums vor die meisterlichen Skulpturen der indischen Götterwelt oder nach einer Bootsfahrt in die Tempelhöhlen der Insel Elephanta ein, so erscheint die Kluft zwischen altem und neuem Indien fast unüberbrückbar. Aber Indiens «Big Apple» am Arabischen Meer hält starke Spannungen aus. Nicht nur die enormen sozialen Unterschiede, sondern auch die religiösen – diese explodierten zwar zu Anfang der neunziger Jahre in wüstem Straßenterror, stehen heute aber wieder im Zeichen der Koexistenz.

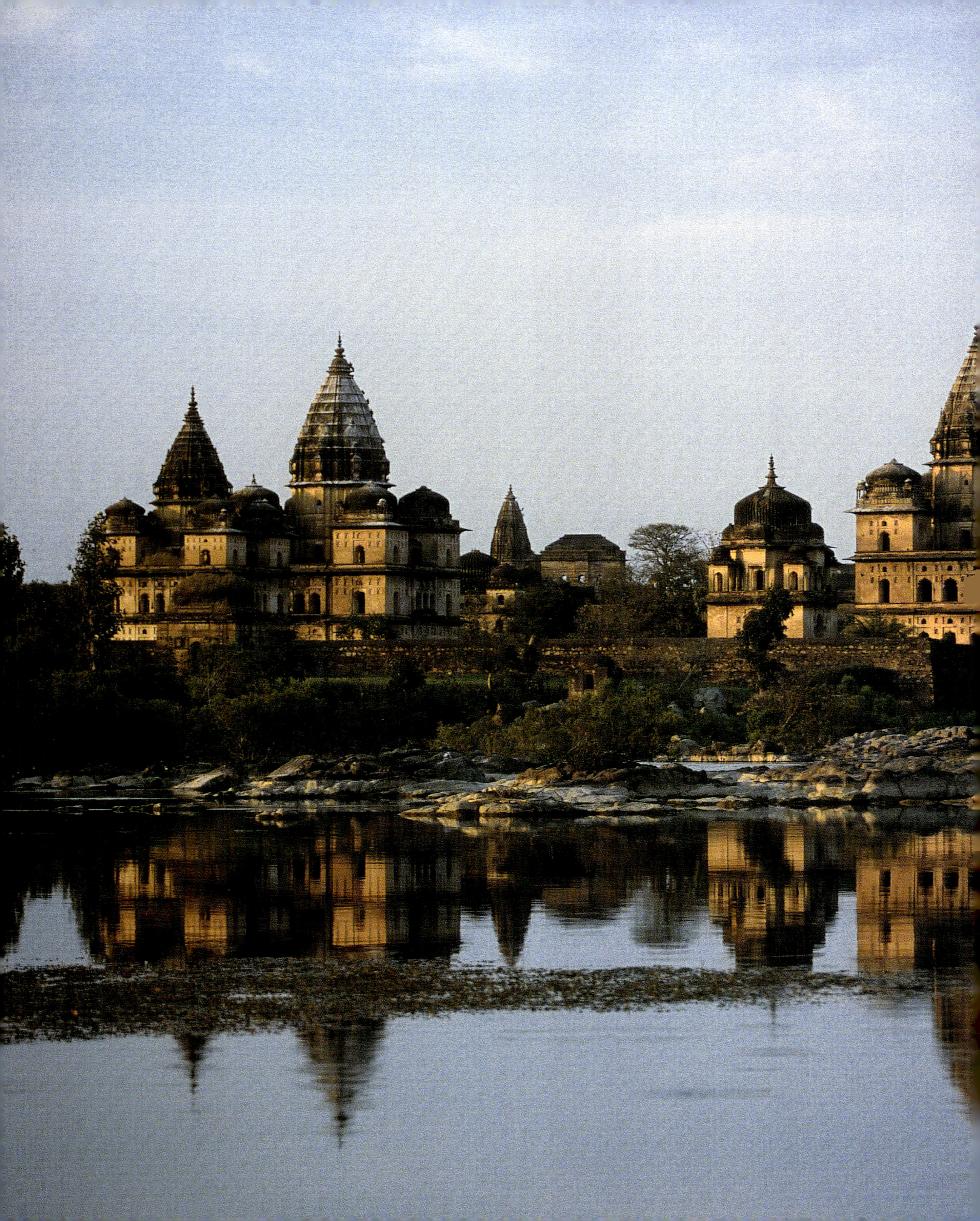

Orcha am Betwa-Fluß.

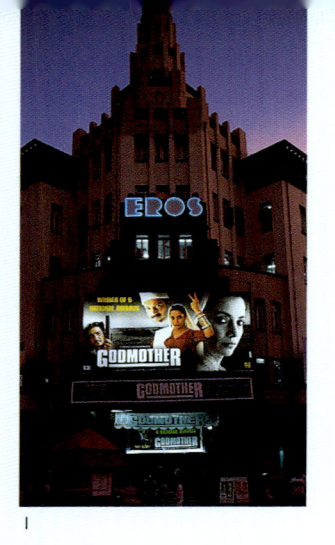

Hollywood in Bombay und Co.

Kino und Fernsehen auf indisch

Indiens Kinohelden sind die Größten – auf haushohen gemalten Plakaten (1), am Kiosk (2) oder am Arbeitsplatz in einer Wäscherei (3) – und fast lebensecht am Strand von Chennai (Madras), wo man sich mit seinem Idol fotografieren läßt (5). 4 Klassiker: Der Fritz-Lang-Film «Das Indische Grabmal» von 1959 mit Debra Paget – er wurde jedoch größtenteils in Berliner Studios gedreht.

Mit dem Kino ist es in Indien wie mit der Eisenbahn: Die jährlich verkauften Tickets summieren sich zu Milliardenzahlen. Schon in den sechziger Jahren schätzte man die Besucher eines Jahres auf 1,5 Milliarden, 20 Jahre später hatte sich diese Zahl verdoppelt. Während aber die Eisenbahnen trotz Modernisierung Marktanteile verlieren, boomt die Filmindustrie ungebrochen. Neuerdings hat Chennai (Madras) das traditionelle Zentrum der Filmproduktionen, Mumbai überholen können, Kalkutta folgt mit größerem Abstand. Filmhauptstadt der Welt nennt sich Chennai, seit dort in den neunziger Jahren des 20. Jahrhunderts allein in den einheimischen drawidischen Sprachen Tamil und Telugu erstmals 250 Filme binnen eines Jahres gedreht wurden. Die indische Kinoproduktion ist nach der japanischen die zweitgrößte der Welt und liegt vor der Hollywoods. Gedreht wird nicht nur in Hindi, beinahe alle indischen Regionalsprachen sind vertreten.

Die meisten indischen Filme sind eine melodramatische Mixtur aus Sing-, Tanz- und Kampfszenen, ein oft zweieinhalbstündiges Wogen der Emotionen zwischen den Guten auf der einen und den Bösen auf der anderen Seite. Nackte Haut und Bettszenen sind tabu, auf der Kinoleinwand wie im Fernsehen. Glei-

5

6

7

ches gilt vorerst auch für exzessive Gewaltszenen. International erfolgreiche Filme mit künstlerischem Anspruch spielten in den ersten Jahrzehnten der Unabhängigkeit eine große Rolle – etwa mit Satyajit Ray als Regisseur psychologisch genauer Darstellung und Mrinal Sen als Protagonist eines gegenwartsnahen, politischen Kinos. Doch auch heute werden Literaturverfilmungen, Sozialdramen und anspruchsvolle Unterhaltungsfilme gedreht – im prozentualen Verhältnis nicht weniger als in Hollywood – mit denen sich Regisseure wie Ritwik Ghatak, Tapan Sinha und Rajen Tarafdar auf internationalen Filmfesten einen Namen machten. Ein indischer Film, der sich monatelang in europäischen Kinos behauptet? Das ist selten, doch vor Jahren gelang es dem Streifen ‹Salaam Bombay› mit der Geschichte eines Jungen vom Dorf in den Prostituiertengassen Bombays.

6 Um die Folgen der britischen Besatzung geht es in dem Film «Die Schachspieler» von 1978. Der Regisseur Satyajit Ray wurde 1921 in Kalkutta geboren und studierte Kunst an der Tagore-Universität. – 7 Ein Bodybuilder wird bestaunt in Rays Film «The Elephant God».

97

Mumbai/Bombay, wie es die Briten hinterlassen haben: Victoria Station, der 1888 vollendete «gotische» Bahnhof, und das Cricket-Spiel auf grünem Rasen – nostalgisches, aber immer noch lebendiges Erbe neben dem Big Business der modernen Metropole der Film-Tycoons, Börsenmakler und Computerfreaks.

Unermeßliches Hinterland

Indiens Mitte nehmen zwei der größten Bundesstaaten ein, Maharashtra (wörtlich etwa «Großer Staat»), mit einer Ausdehnung von über 300 000 Quadratkilometern, und das fast ebensogroße Madhya Pradesh, der «Mitte-Staat». Beide liegen auf der Dekkan-Halbinsel. Das Hochland des nördlichen Dekkan erstreckt sich meist auf Höhen zwischen 300 und 600 Metern, mit Gebirgszügen, die auf 900 bis 1800 Metern Höhe verlaufen. Südlich vom Himalaya und den Tiefebenen von Ganges und Brahmaputra ist die Dekkan-Halbinsel der dritte Hauptteil des indischen Naturraums, ein sehr altes Gebirge aus Graniten, Gneisen und kristallinen Schiefern. Großartig ist im Dekkan das Erlebnis der unabsehbaren Weite, grandios aber auch der Steilanstieg der Ghats, des

Unentbehrlich und typisch Mumbai: die Dabbawalas, die gut organisierten Lieferanten von warmen Mahlzeiten für zahllose Büroangestellte. Mumbai ist eine Stadt mit tropischem Ambiente – mit üppigem Angebot von Früchten und delikaten Fruchtsalaten (unten).

Gebirges über dem westlichen Küstenland. Straßen und Eisenbahnen erklimmen in zahllosen Serpentinen und Tunnel um Tunnel das Hochland. Klimatisch bedeuten 575 Meter über dem Meer so viel wie der Schritt von einer Welt in eine andere. 575 Meter – so hoch liegt Pune, die «Queen of the Dekkan» genannt. Das Klima ist hier so viel angenehmer und gesünder als in Mumbai, daß schon die Briten in Pune ihre «Monsun-Hauptstadt» etablierten. Golfplätze und Reitbahnen blieben vom kolonialen Lebensstil, Tempel und eine Palastruine erinnern an die Peshwa-Dynastie der Marathen, die unter ihrem bis heute gefeierten Volkshelden Shivaji die Vorherrschaft der muslimischen Mogulkaiser im Dekkan brachen.

Für viele westliche Besucher ist Pune vor allem anderen der Ort des Bhagwan Shree Rajneesh (1931–1990), der sich im Alter «Osho» nannte, der «im Ozean sich Auflösende». Schon in den siebziger Jahren mit Sex-Exzessen rund um die Erde in allen Medien, wandelte sich der Bhagwan-Ashram nach der Rückkehr des Gurus aus den USA und seinem frühen Tod. In den neunziger Jahren wurde er zu einem Campus mit ökologischer und spiritueller Motivation. Das provokante Image von Ausschweifung suchten die Bhagwan-Nachfolger mit der «Osho Multiversity» und ihren Kursen in tibetischer Heilkunde, Mystik, Kunst und Sport abzustreifen.

Höchste Bewunderung finden bei indischen wie ausländischen Besuchern die buddhistischen Höhlentempel in den Felshängen über dem halbmondförmigen Flußtal von Ajanta, und ebenso auch die von Hindus und Buddhisten geschaffenen Höhlentempel von Ellora, nordöstlich und nordwestlich der

Indischer Alltag zwischen harter, schweißtreibender Arbeit und artistischen Schaustücken: Zu Bergen türmt sich die Baumwolle, mit der Indiens Textilindustrie einen der Spitzenplätze in der Weltwirtschaft behauptet (unten). – Auf der Dorfstraße der Tempelstätte Khajuraho übt der Flötenbläser die Kobra-Beschwörung (rechts).

Mogulstadt Aurangabad. Die Skulpturen und Wandmalereien sprechen über die Jahrtausende hin vom kosmischen Geist und schildern die Mythen indischer Religiosität. Das Bauwerk aller Felsbauwerke ist der Kailasa-Tempel von Ellora, eine monolithische Felsskulptur mit zahlreichen Hallen und Vorhallen, Skulpturen und Türmen, 30 Meter hoch. Im Jahr 757 begannen die Steinmetze mit den Spitzen der Tempeltürme, rund 150 Jahre meißelten sie das Tempelpodest aus dem Fels. Das Umland der beiden Stätten ist fast noch so menschenleer wie um 1819, als eine britische Jagdgesellschaft unversehens die Ajanta-Höhlen wiederentdeckte.

Heute warten die langen Sandstrände, die Maharashtras Küste säumen, noch auf ihre touristische Erschließung. Vermutlich nicht mehr sehr lange, nachdem die neue Konkan-Bahn Mumbai-Mangalore schnelle Verbindungen hergestellt hat. Die Investoren konkurrieren bereits um die besten Plätze.

Wunder der Weltkunst

Indiens Herzland Madhya Pradesh hat keine Küste, eine hohe Analphabetenrate und ein viel zu niedriges Pro-Kopf-Einkommen. Aber es hat auch Indiens bedeutendste Fundstätte von Felsbildern (Bhimbetka im Bergwald südöstlich von Bhopal), es hat romantisch entlegene Burgen und Residenzen im Ruinenschlummer, heilige Orte der Hindus und Buddhisten und auch große Waldregionen, Mangohaine und Bambusdickicht. Mandu etwa, im Ring seiner einst 45 Kilometer langen Mauer bei Indore gelegen, ist auch ohne fürstliche Feste um seine Paläste und Tempelteiche, Felsterrassen und Quellheiligtümer eine «Stadt der Freude» geblieben, wie sie die Muslime zur Zeit Kaiser Akbars tauften. Gwalior auf mächtigem Tafelberg ist als ein Ort der Heiligen, Dichter und Heroen zu erleben, Madhya Pradeshs Hauptstadt Bhopal modern und urban mit Museen und Parks.

Nirgendwo in Indien, das ja nicht arm ist an buddhistischen Stätten, wird man an ihrem ursprünglichen Ort so reiche, so lebensvolle Reliefkunst finden wie an dem großartigen Steinzaun um die bildlose, 16 Meter hohe Steinhalbkugel des Stupas von Sanchi, eine Autostunde nordöstlich von Bhopal. Einst war Sanchi ein großer, von Kaiser Ashoka im 3. Jahrhundert v. Chr. geförderter Klosterort. Wohl gleichen Ranges als Weltkulturerbe sind die tausendjährigen Hindu-Tempel der Chandella-Könige von Khajuraho. Die noch vor wenigen Jahrzehnten von grüner Wildnis umwucherten Tempelbauten sind über und über mit unverhüllt erotischen Skulpturen geschmückt, zeigen Frauen und Männer in Umarmungen und Vereinigungen, ein Fest der Zärtlichkeit, ein steinernes Kamasutra, das manchen gläubigen Hindu in Verlegenheit bringt.

Indische Städte: In den Straßen von Gwalior, das im 8. Jahrhundert gegründet wurde (oben). Straßenfest in Bhopal (links). Die Hauptstadt von Madhya Pradesh geriet 1984 mit dem schweren Chemieunfall des US-Konzerns Union Carbide in die Weltpresse, ist aber auch eine Stadt der Museen und Parks, mit dem buddhistischen Pilgerort Sanchi in der Nachbarschaft.

101

Indiens steinernes Kamasutra: Khajuraho, die tausendjährige Tempelstadt, feiert mit ihren erotischen Figuren wie kein anderer religiöser Ort der Erde Schönheit und Zärtlichkeit (oben und links). – Elloras Höhlentempel zählen zu den bedeutendsten religiösen Bauwerken Indiens (Mitte). Auch der Vishwanath-Tempel hat beeindruckende Außenskulpturen (rechts).

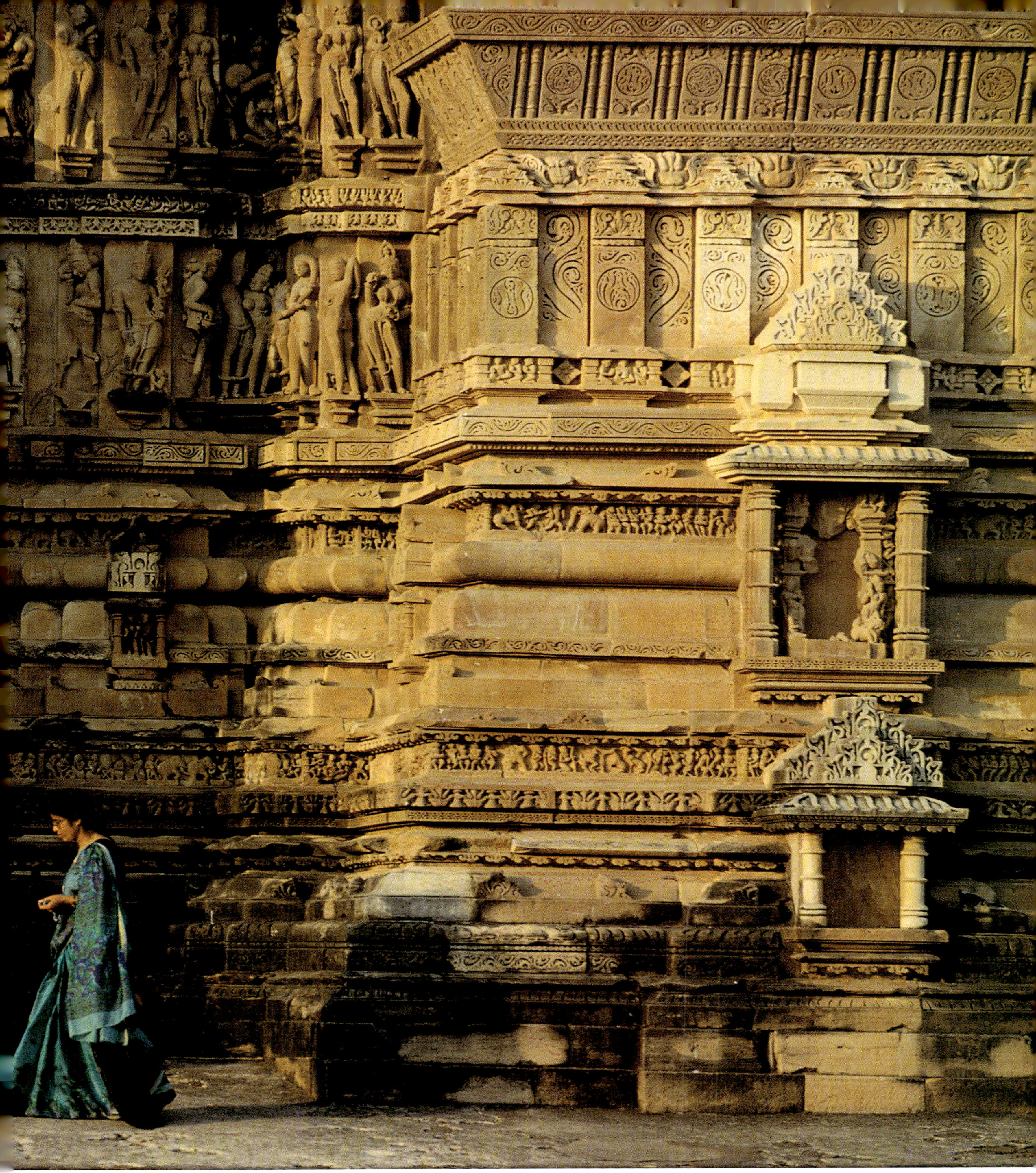

Fest der Sinne

Musik, Tanz und Ritual

Feierlich treten die Tänzer und Tänzerinnen auf, mit Minen-, Finger- und Augenspiel, so diszipliniert und kompliziert, wie es der westliche Tanz kaum kennt. 1 Kathakali-Tänzer in der Kalakshatreva-Tanzakademie bei Chennai.– 2 Khajuraho-Tanzfestival. 3 Sitar-Spielerin.– 4 Vor dem Ganges-Relief von Mamallapuram.

Eine Aufführung indischer Musik ist ein Erlebnis fürs Auge wie fürs Ohr. Aus nächster Nähe erfährt man, während die im Westen ungewohnten Klänge und Rhythmen entstehen, in Mimik und Gesten die emotionale Bewegung der Musiker. Klassische indische Musik ist eine mit Religion und Spiritualität eng verbundene Welt. Verstehend in sie einzudringen, über die Freude am reinen Klang hinaus, ist nicht im Schnellkurs möglich, sondern bedeutet intensives Studium. Raga heißt das melodische Element der Musik, trotz rigider Regeln offen für vielfache Improvisation, verwoben mit Tala, dem Rhythmus ungleicher Einheiten der Hauptschläge. Die Grundsätze der Kompositionen stammen aus der Sama Veda, einer heiligen Schrift. Klang ‹nada› gilt im Hinduismus als Kern des Schöpfungsprozesses. Es gibt zwei Haupttraditionen: die nordindische (hindustanische) Schule und die südindische (karnatakische). Diese Traditionen werden beide mündlich überliefert, mit jahrelanger präziser Übung in ritueller Guru-Schüler-Beziehung, bis der Musiker zur Improvisation und Neuschöpfung kommt. Zu den wichtigsten Instrumenten zählen die sehr schwer zu spielende Sitar (im Westen ist sie durch den begnadeten Interpreten und Komponisten Ravi Shankar bekannt geworden), die Tabla (Trommel) und die Tambura (Baß-Instrument). Außer klassischer Musik gibt es viele regionale Volksmusik-Traditionen und natürlich die

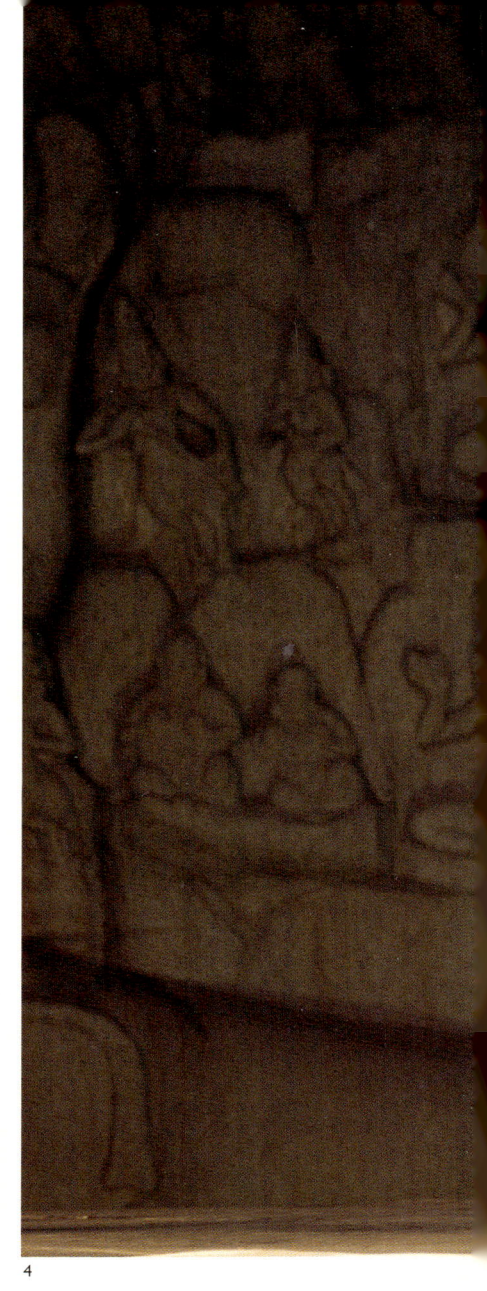

5 und 6 Volkstänzer bei einem Tempelfest in Kerala. Mit großen metallenen Becken wird in die Nacht getanzt, Reihen von Trommlern feuern die Tänzer mit ihrer rhythmischen Musik an. – 7 Tanz beim Elefantenfestival in Jaipur.

vom Westen stark beeinflußte Film- und Schlagermusik indischer Klangfarbe.

Im spirituellen Sinne eng mit der Musik verbunden ist der klassische Tanz. Auch bei Aufführungen vor Touristen bleibt der rituelle Gehalt gegenwärtig, meist werden Mythen und Legenden dargestellt. Mit unglaublich kunstvoller, exakter Gestensprache imponieren die Tänzerinnen und Tänzer, ohne daß freilich die Bedeutung der zahlreichen Kopf-, Finger- und Fußhaltungen dem westlichen Zuschauer erkennbar wird – dazu bedürfte es einer intensivsten Beschäftigung mit dieser Kunst. Besonders hervorragende Tanzformen sind Bharata Natyam in Tamil Nadu (ausdrucksvoll vor allem im Spiel der Hände), Kathakali in Kerala (höchste Masken-Schminkkunst, alle Rollen von Männern dargestellt), Odissi in Orissa (lyrischer Stil mit großen technischen Feinheiten der Tanz- figuren), Kathak in Nordindien (schnellfüßig mit Pirouetten voll Kraft und Temperament) und Manipuri in Manipur (merkwürdige steife Kostüme zu dennoch sehr lebhaften Bewegungen). Kaum einen besseren Platz könnte man sich für das unvergeßliche Erlebnis dieser künstlerischen Fülle vorstellen als die nächtlich angestrahlten Tempel von Khajuraho. Tatsächlich ist das jährlich im Frühling (März/April) veranstaltete Tanzfestival vor dem tausend Jahre alten Chandella-Tempel von Khajuraho das größte und meistbesuchte in ganz Indien.

105

Buddha und Bengalen, Tee und Urwälder

Kalkutta, Orissa, Bihar und Indiens ferner Osten

Zunächst hat man 1987 der Tiger-Nationalpark der Sundarbans zum Weltnaturerbe erklärt, zehn Jahre später dann auch die Mangrovenwälder dieser Region – teils Indien, teils Bangladesch zugehörig. Ein riesiges Flußdelta, das größte der Erde, wird seither in einem 2700 Quadratkilometer großen Bereich vor Ausbeutung durch Jagd und Holzeinschlag bewahrt. Sundarbans – das heißt «schöner Wald», doch große Gebiete davon sind leider schon stark gelichtet oder kahlgeschlagen. Das gesamte Delta umfaßt schätzungsweise 80 000 Quadratkilometer – eine weithin nur mit Booten zu erkundende labyrinthische Wildnis, fast doppelt so groß wie Dänemark. Neben noch einem Dutzend anderer Flüsse strömen der Ganges und – nach seinem abenteuerlich mäandernden Lauf herab vom Himalaya – der Brahmaputra in den Indischen Ozean.

Alltagsleben der Priester am Tempelsee Bindu Sagar von Bhubaneshwar (oben) – und nicht einmal 100 Kilometer weiter östlich an der Küste Orissas der Sonnentempel von Konarak, von seinen Schöpfern als riesiger steinerner Wagen entworfen (rechte Seite).

Die salzwasserresistenten Sundarban-Mangroven mit ihren tief im Schlamm gründenden Stelz- und bizarren Luftwurzeln sind nicht nur selbst botanisch interessant, sondern bilden auch die Heimat von über sechshundert Arten von Pflanzen, Vögeln, Reptilien und Säugetieren. Darunter befinden sich etwa 250 Tiger, die größte Population aller indischen Nationalparks.

Wer auf Kontraste aus ist, wird überall in Indien fündig. Der Osten aber übertrifft alles. Die Mangroven-Einsamkeit der Sundarbans und Kalkuttas Howrah Railway Station mit ihrem täglich neuen Menschengewimmel, Gedränge, Geschiebe – das ist einer dieser extremen, kaum noch zu überbietenden Gegensätze. Permanente rush hour herrscht auf der benachbarten Howrah Bridge, über die sich nach jüngsten Zählungen Tag um Tag zwei

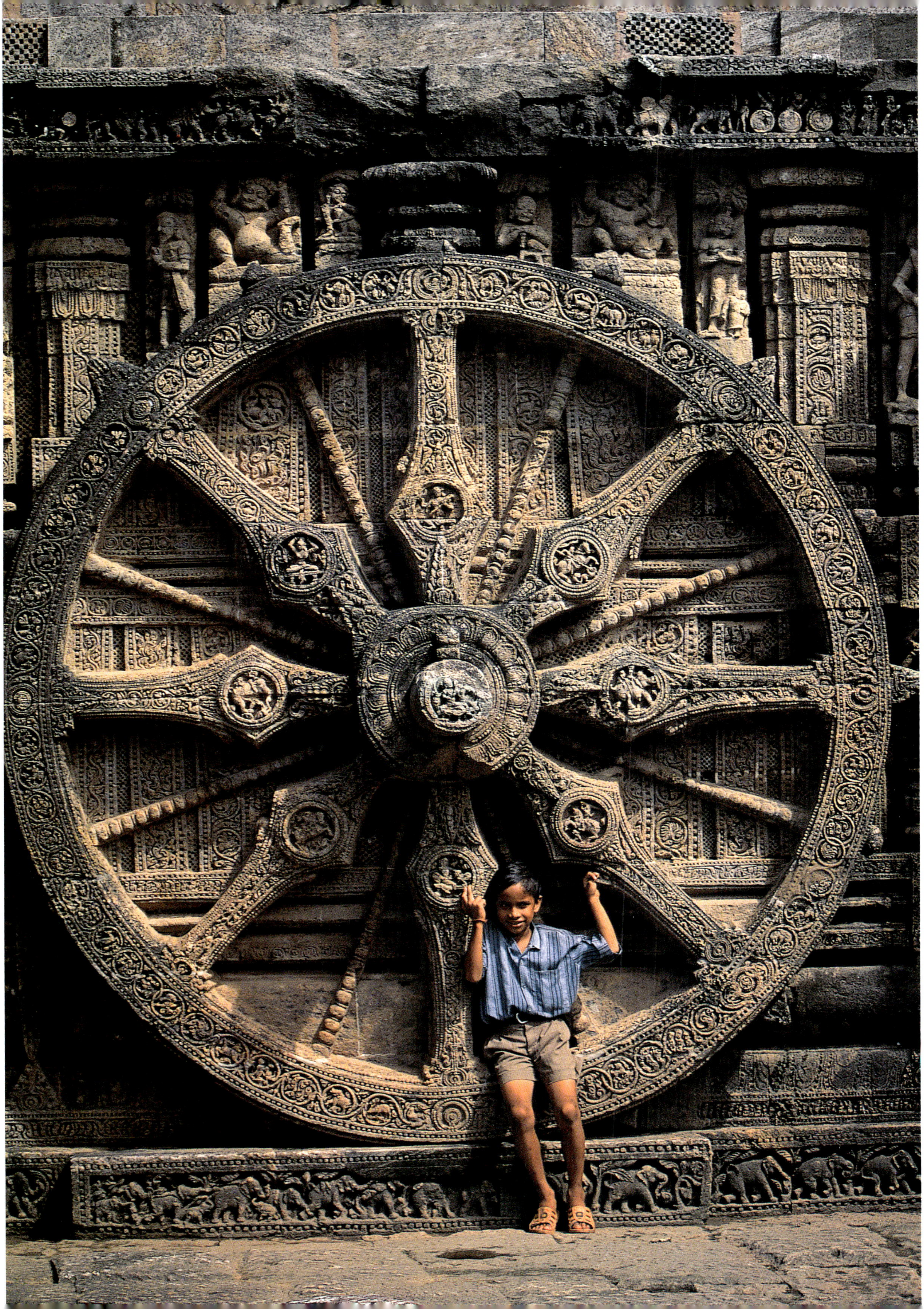

Aus dem 10. Jahrhundert: der Mukteshwara-Tempel in Bhubaneshwar (rechts). – Zuckerrohr am Brahmaputra, in Assams Hauptstadt Guwahati (Mitte) – hier finden auch die weltweit größten Tee-Auktionen statt. – Kalkuttas Howrah-Bridge (unten).

Millionen Menschen mühen, zwischen bunt bemalten, abgasqualmenden Lastern, Ochsenkarren, ramponierten Bussen, lärmenden Straßenbahnen und fragilen Fahrradrikschas. Trotz ihrer neuen U-Bahn droht der Megastadt ständig der Verkehrsinfarkt.

Bengalens unmögliche Metropole

Vor Kalkutta wird jeder gewarnt. Warum soll man in diese Elf-Millionen-Metropole reisen, in die immer noch neue Flüchtlingsscharen aus Bangladesch zuwandern, jede Stadtverwaltung überfordernd? In eine Stadt, in der Tausende schon in der zweiten und dritten Generation wohnungslos unter einer Zeltplane am Straßenrand hausen? Aber Kalkutta funkelt auch – mit dem «Indian Museum», einem der reichsten ganz Indiens, mit Kinopalästen und Theatern, mit den Erinnerungsstätten für Bengalens Nobelpreisträger Rabindranath Tagore, mit dem «Oberoi Grand», das seit den dreißiger Jahren als bestes Hotel im weiten Umkreis berühmt ist, und mit dem jüngst erbauten Birla-Tempel, einer Stiftung der indischen Industriellenfamilie gleichen Namens, die seit kurzem eine neue Landmarke in der Stadt setzt.

Eine der älteren Landmarken Kalkuttas ist das 1926 eingeweihte Victoria-Memorial, die opulenteste Neorenaissance-Hinterlassenschaft Old Englands in Indien. Der britische Vizekönig Lord Curzon ließ es aus Spenden der indischen Maharajas finanzieren: eine Apotheose der Queen, die sich seit 1877 «Kaiserin von Indien» nannte. Kalkuttas Museumsverantwortliche bewahren es als Zeugnis der Fremdherrschaft und haben zum Beispiel

Im Nordosten Indiens, in Meghalayas Hauptstadt Shillong, leben die Kashis, ein Stamm mit mutterrechtlicher Familienordnung: Die Mutter gibt den Kindern ihren Familiennamen. – Vor Kalkuttas Victoria-Memorial für die britische Königin Victoria (unten).

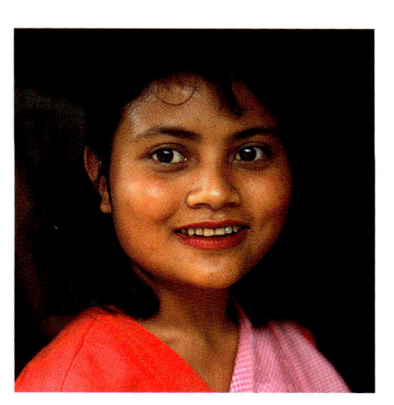

darauf verzichtet, die Überzahl der Briten aus der Ehrengalerie zu verbannen. Unter den wenigen indischen Geehrten ist auch der große religiöse und soziale Reformer Bengalens, Raja Ram Mohan Roy (1772-1833), der gegen Kinderheiraten und Witwenverbrennung und für die Rechte der Frauen kämpfte.

Bihar: Wo Buddha lehrte und Ashoka herrschte

Der Schlagertext «Kalkutta liegt am Ganges» irrt, wenn man's geographisch genau nimmt. Denn durch Kalkutta strömt breit der Hugli, ein Mündungsarm des Ganges. Nach rund 700 Kilometern auf Hugli und Ganges ist schließlich Patna erreicht, die Hauptstadt Bihars und damit des heute ärmsten indischen Bundesstaates. Die Zahlen und Fakten erschrecken: Von fünf Menschen leben zwei unter der offiziellen Armutsgrenze, die Getreideproduktion ist im indischen Vergleich gering, und drei von fünf Einwohnern können weder lesen noch schreiben.

Bihar ist arm, und überdies wurde es in den neunziger Jahren des 20. Jahrhunderts schlecht und korrupt regiert. Zwischen unterdrückten Bauern und Privattruppen – von Großgrundbesitzern angeworben und bewaffnet – kommt es in Bihar seit Jahren zu blutigen Gefechten, Überfällen und Attentaten. In der Vergangenheit jedoch kannte das Land glanzvolle Zeiten, und die Hauptstadt Patna steht auf historisch reichem Boden. Es ist der gleiche Boden, auf dem die Herrscher von Magadha vor bald zweieinhalb Jahrtausenden ihre neue Hauptstadt Pataliputra bauten. Damals war sie die wichtigste Stadt Nordindiens und eine der größten

Indiens erster Literaturnobelpreisträger (1913), Rabindranath Tagore (rechts). Der Lyriker, Dramatiker, Komponist und Philosoph engagierte sich für das bessere Verstehen von Europa und Indien. – Ein beliebtes Literatencafé ist das «Indian Coffee House» in Kalkutta (unten).

Berühmt sind Kalkuttas Blumenmärkte, große Hallen voller exotischer Farben und Düfte. Hier gibt es auch die leuchtenden Hibiskusblüten, die der Göttin Kali geopfert werden.

der Erde. Archäologen haben bisher nur wenig davon zutage gebracht, weil die neue Stadt die alte überbaut hat. Im Vorort Kumrahar stehen 80 Säulenbasen, vielleicht die Reste einer königlichen Halle. Hatte der große Maurya-König Ashoka hier seinen Palast? Mit seinem Park hoher Bäume und den Ruinen eines Klosters aus der Gupta-Ära ist Kumrahar ein stimmungsvoller Ort, der einen Abstecher zu den Spuren der Frühzeit großindischer Königtümer lohnt. Sehenswert sind auch die Orte im Umkreis – Vaishali, Bodhgaya, Rajgir und Nalanda –, wo die Plätze verehrt werden, an denen Gautama Buddha sich aufgehalten hat. Diese Haine und Hügel, heiligen Bäume und Stupas zählen zu den bedeutendsten Buddha-Stätten Indiens. Buddhisten aus aller Welt haben in Bodhgaya ihre modernen Tempel etwas abseits des «Bodhi Palanka» erbaut. Dort hat Buddha zur Zeit des Mai-Vollmonds 623 v. Chr., sagt die Überlieferung, unter dem Bodhi-Baum in Meditation verharrt, die Fußabdrücke im Stein sind mit Blütenblättern und Blütenketten geschmückt. Buddhisten und auch Hindus, die in Buddha eine Inkarnation Vishnus sehen, ist der Mahabodhi-Tempel mit der großen vergoldeten Buddha-Statue heilig.

Orissas Tempel und Strände

Vom Sonnentempel von Konarak, von den riesigen steinernen Wagenrädern dieser sakralen Landmarke am Golf von Bengalen weiß jeder, der sich für Indien interessiert. Fast drei Meter hoch ist jedes dieser 24 aufs feinste ornamentierten Räder, an die

Fortsetzung Seite 117

Tagore lesen

Der große alte Mann der modernen indischen, genauer bengalischen Dichtung Rabindranath Tagore (1861-1941) war eine universale Begabung, produktiv in Lyrik, Roman und Dramen, ein Poet voller erotischer Stimmungen und zugleich ein Pädagoge, Philosoph, Komponist und Wortführer moderner Intellektualität und Religiosität, in entschiedener Distanz zur rigiden brahmanischen Orthodoxie ebenso wie zum Atheismus. Auch war er Romantiker genug, um auf Toleranz über die Kastenschranken hinweg zu hoffen. Tagore heute lesen, ohne Bengalisch zu verstehen: Dazu laden die Übersetzungen seiner Dichtungen ein, die der deutsche Indologe Martin Kämpchen unter dem Titel «Wo Freude ihre Feste feiert» (Freiburg 1990) veröffentlichte.

Ein Rikscha-Mann und dreißig unverhüllte Schönheiten. – In Kalkutta ist fast ununterbrochen «rush hour» – oft mit totalem Stillstand des Verkehrs (unten).

Puri, Stadt des Jagannath-Tempels.

RUPA
RUPA
BRIEF & VEST
MACRO MAN
RUPA
MacroMan
BRIEFS
SUMAN
ALKA
GRAVIERA
Geeta
SAREES
CHANDAN
SHOW ROOM
DONEAR
PATWARI TEXTORA
OOMS
Shobha
CHANDAN
ORISSA SAREES
GRAND
Vichitra
LUX

Gemalte Gebete

Kunst und Kunsthandwerk aus dem Dorf

Manche Dörfer in Indien sind anders als alle anderen, sie sind voller Bilder an den Hauswänden und auf den Höfen, sogar auf den Straßen unter den Füßen der Kühe. Fast immer sind es die Frauen, die diese rasch vergänglichen, mancherorts täglich erneuerten Bilder malen. In Künstlerdörfern trifft man auch Männer, als Keramiker, Miniaturenmaler, Schneider, Weber und Goldschmiede.

Langsam, aber insgesamt stetig ist die Zahl der ausländischen Besucher in Indien gewachsen. Das hat Dörfer neuer Art entstehen lassen: Dörfer, wo in jedem zweiten oder dritten Haus ein Künstler oder eine ganze Familie Schönes herstellt. Etwa das Künstlerdorf Raghurajpur in Orissa, nur wenige Kilometer landeinwärts von Puri. Inmitten von Palmen, Bananen, Banyanbäumen und hochaufgeschossenen Bambusstauden, zwischen Teichen und Wassergräben öffnet sich der Blick auf zwei Häuserreihen an der saubergefegten Dorfstraße, auf spielende Kinder und auf einen kleinen Tempel mit bemalter Fassade. Ins nächste Haus wird man hineingebeten, Bilder werden vor uns ausgebreitet, mit zartesten dunklen Linien auf blasse Palmblätter gemalt. Die sind aus mehreren Streifen zusammengeklebt, bis zu 70 Zentimeter breit und können zum Transport gerollt werden. Zwei oder drei Wochen lang arbeitet der Maler an einem Blatt. Dörfer in Rajasthan wie Molela mit seinen Keramikern oder

114

Salawas, wo an urtümlichen Webstühlen Baumwollteppiche, Dhurrais, entstehen, sind größer als Raghurajpur. In Molela ist bäuerliches Leben um die Häuser, wo die Familien tönerne, bis mannshohe Pferde, Reiter und großäugige Frauengestalten formen. Man sieht den Kunsthandwerkern nicht an, daß ihre Werke bis in die Kaufhäuser europäischer Städte gelangen. Daß die Reiter und die großäugigen Damen vielen gefallen können, ist jedoch offensichtlich. Wieder andere Dörfer sind nicht gewachsen, sondern touristische Arrangements, wie das Museums- und Künstlerdorf Shilpgram am Rande von Udaipur: In Häusern, die aus mehreren Bundesstaaten original hierher versetzt wurden, wird Kunsthandwerk vieler Art produziert und angeboten, es wird Theater gespielt und getanzt.

Von schönster Ursprünglichkeit sind die Werke der Dorffrauen, die nicht zum Verkauf bestimmt sind: Bilder an den Lehmwänden der Hütten und auf dem Lehmboden vor der Hütte, «gemalte Gebete», die sich an die Götter wenden. Oft sind sie mit Reispuder auf den frischbefeuchteten Lehm gezeichnet, Blütendolden und Tiere, dekorative Farbmuster, und auch Bilder ganz aus Blüten. Sie sind nicht in jedem Dorf zu finden, aber wer sich umhört, macht immer neue Entdeckungen.

115

Einige der rund siebzig Teeplantagen und Teefabriken im Tal von Darjeeling sind zu besichtigen, unter anderem das «Happy Valley Tea Estate», wo die Teeblätter vom Welken über das Rollen und Sieben bis zum Fermentieren und Trocknen auf traditionelle Weise verarbeitet werden.

siebzig Meter ragte darüber der Tempel auf, und davor spannten die Erbauer die sieben Pferde des Sonnengottes Surya in monumentalen Skulpturen. Das geschah zur Zeit der europäischen Gotik. Als sechs Jahrhunderte später, 1869, der Tempelturm einstürzte, blieben zum Glück die Figurenfriese der Apsaras, Yakshas und Nagas, der himmlischen Dienerinnen der Götter, grossenteils erhalten. Sie tanzen und musizieren zwischen den Mithunas, den Liebespaaren.

Viel weniger bekannt als Konarak ist die Fülle der Tempelarchitektur in Orissas landeinwärts gelegener Hauptstadt Bhubaneshwar. Einst soll das «Varanasi des Ostens» 7000 Tempel gezählt haben. Kaum glaublich? Aber im tropischen Grün der Stadtlandschaft sind noch immer Hunderte von Tempeln und Tempelruinen aufzufinden und um den Tempelteich Bindu Sagar eine große Tempelgruppe, seit dem 7. Jahrhundert erbaut. Täglich zu Tausenden reisen die Pilger zum Jagannath-Tempel in die Küstenstadt Puri. Südlich des Bundesstaats Westbengalen erstreckt sich Orissa mit palmengesäumten Stränden und fruchtbarem Küstenland über rund 300 Kilometer am Indischen Ozean.

Die Teepflückerin wirft die grünen Blätter in ihren Korb (oben), in Kalkutta prüfen die Teekoster die Qualitäten des Aufgusses (Mitte) – und schließlich werden die Teekisten zum Hafen gekarrt, hier in Kochi (unten).

Indiens ferner Osten

Bis vor wenigen Jahren waren die «Sieben Schwestern», die Himalaya-Staaten bzw. -Territorien im Nordosten, von Ausländern nur unter Schwierigkeiten zu besuchen. Jetzt braucht man für Assam mit seinen Wildlife Parks, für Meghalaya und Tripura kein «Restricted Area Permit» mehr, weiterhin jedoch für Arunachal Pradesh, Nagaland, Manipur und Mizoram – von verschiedenen Stämmen bewohnt, grenzen sie an Myanmar (Burma) oder an China und sind politisch hochsensible Regionen. Assams Kaziranga-Park lädt zu Elefantenritten und Nashorn-Beobachtung ein. Viele Besucher zieht es nach Darjeeling mit seinen Teegärten und zum Trekking nach Sikkim mit dem «Kanchenjunga National Park».

Morgendunkel, Morgenkälte – bis die Sonne ihr Licht auf den grandiosen Horizont der Sieben- und Achttausender wirft und die Frühaufsteher an Darjeelings Tiger Hill mit einem der berühmtesten Ausblicke Indiens belohnt werden (rechts). – Markttag in Shillong (Mitte). – Glocken auf dem Nilachal-Hügel bei Guwahati – hier steht der Kamakhya-Tempel, Ziel zahlloser Pilger (unten).

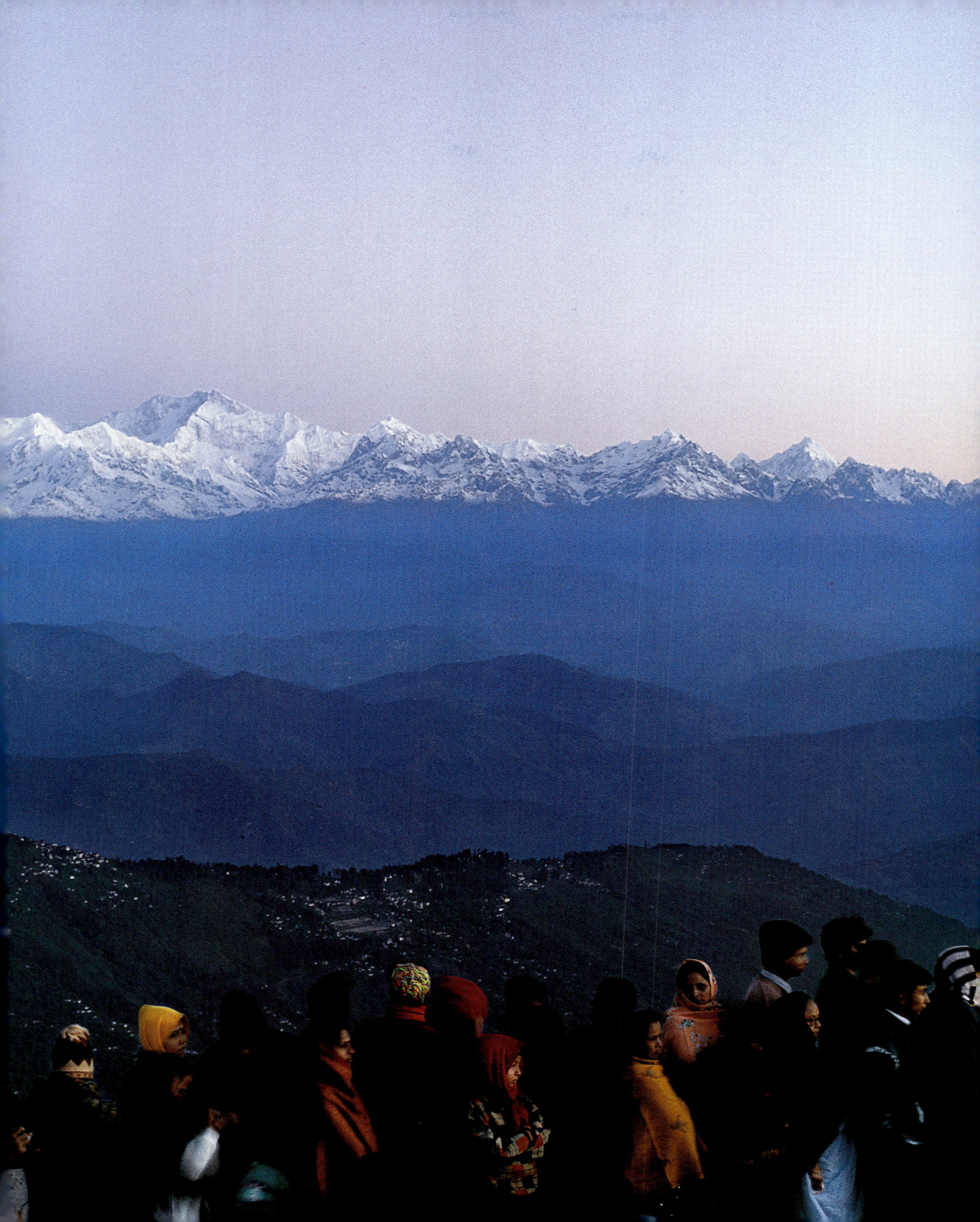

Von Currys, Dal und Tschapatis

Die indische Küche

In ihrer Vielfalt bietet die indische Küche eine riesige Auswahl an Speisen und Geschmacksrichtungen. Schärfe, aber auch Dutzende von aromatischen Gewürzen, kennzeichnen sowohl raffiniert Vegetarisches als auch vielerlei Fisch- und Fleisch-Zubereitungen, ja sogar den überall aufgekochten schwarzen Tee (Masala-Tee).

Der «Curry» ist als gelbes Pulver nur Exportartikel, in der indischen Küche wird er nicht verwendet. Mit dem Namen Curry (tamilisch: *kari*) bezeichnen die Inder eine aus Gemüsen und Gewürzen gekochte Sauce. Jeder Koch und jede Hausfrau hat da eigene Rezepte. Im Süden würzen die Currys weißen Reis (steamed rice), der dort das Hauptnahrungsmittel darstellt. Die auf europäischen Gaumen höllisch brennende Schärfe mancher Currys mildert am besten Joghurt, den es mit Gemüsestücken (*raita*), süß oder als Getränk (*lassi*) gibt.

Brotfladen aus Weizen, die im Norden meist den Reis als «Beilage» ersetzen, heißen *tschapatis* (einfach, aus grobem Mehl), die helleren *roti* oder, aus dem Tonofen, *nan*. Reis wird dort als *pullao* mit Gemüse- oder Fleischstücken vermischt, als feinerer *biryani* mit Gemüse, Fleisch, Mandeln und vielen Gewürzen, auch solchen, die wir nur für Weihnachtsgebäck verwenden: Nelken, Zimt, Ingwer. Diese köstlichen Rezepte kommen aus den fürstlichen Küchen der Moguln, aus Lucknow und Hyderabad. Überall gibt es Indiens volkstümlichstes Gericht, den nahrhaften Linsenbrei *dal* in verschiedenen Schärfegraden.

Niemals fehlt *dal* beim Höhepunkt der vegetarischen Mahlzeiten, dem aus Gujarat und Rajasthan stammenden *thali*.

Wer *thali* bestellt, bekommt ein Tablett mit vielen kleinen Schalen: Darin sind Curry-Gemüse-Zubereitungen, Reis, *paneer* (Magerkäse), Pickles (süß-saure Gemüse) und Chutneys (süß-scharfe Obstzubereitungen). Neben vegetarischen gibt es

1 Hier ißt man mit den Augen – etwa die vegetarische Thali-Auswahl im Restaurant des Hotels «Taj Mahal». – 2 Je festlicher der Anlaß, desto mehr Gerichte werden – gleichzeitig – serviert: hier eine Hochzeit in Bangalore. 3 Auch der Welt teuerstes Gewürz wird in Indien kultiviert: Verlesen von Safranfäden. – 4 Überall im Süden wird Kokosmilch angeboten.

5 Appetitanregend: Frische Meeresfrüchte.
6 An fast allen Stränden bieten Händlerinnen Früchte an.

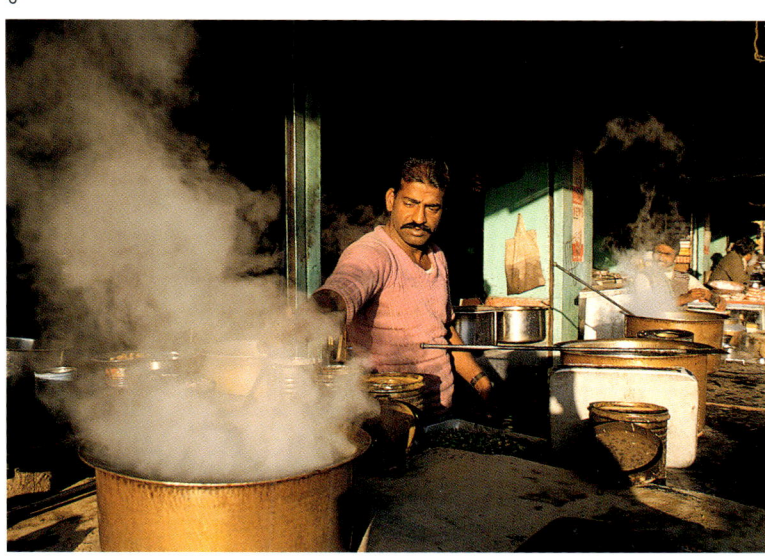

auch interessante Fleischgerichte, allerdings nicht aus Schweinefleisch, denn Schwein ist den Muslimen untersagt und bei den Hindus als unrein verdächtig (in Goa gibt es Schweinefleisch und -wurst aus portugiesischer Tradition). Absolut undenkbar für den Hindu ist der Verzehr der heiligen Kuh und anderer Rinder, es bleiben also Lamm und Geflügel. Als *korma* wird Fleisch saftig geschmort, als *kofta* zu Ballen aus Gehacktem geformt. Mariniert mit Joghurt, Ingwer und Nelkenpfeffer werden Lamm und Huhn im Tonofen, dem aus Kaschmir stammenden Tandoor, gebraten.

Liebhaber von Fisch und Meerestieren können in Goa und am Golf von Bengalen wunderbar schwelgen. Typisch für Goa ist der gekochte Fisch in sauer-scharfen Kokosnuß-Saucen oder auch Krabben mit Gemüse.

Erholung von der Schärfe garantieren die Süßspeisen. Gewürzt mit Rosenwasser, Safran, Zimt und Kardamom – sirupglänzend und mit eßbarer hauchdünner Silberfolie sehen sie so kostbar aus, wie sie köstlich schmecken.

7 Abends lockt überall der Duft der Garküchen auf Straßen und Plätzen. – 8 Fischmarkt in Goa. 9 Die altertümliche Waage mit den beiden Schalen ist noch häufig zu sehen.

Palmenstrände und bunte Götter

Der Süden: Kurs Zukunft

Südindien ist das Land der Gewürze und scharf gewürzten Speisen, der Seiden und der riesigen Kokospalmenwälder, berauschender Blütenfülle und buntfarbener Tempeltürme. Als ob alle Götter sie ersteigen wollten, ragen diese Gopurams – bis zum First mit Figuren geschmückt – über den Städten und Palmenhainen auf. Fruchtbar ist vor allem das tropische Land hinter der Westküste, an der Indiens tiefer Süden alljährlich zuerst die mächtigen Monsune empfängt, wenn sie nach langen Trockenmonaten im Mai/Juni über das Arabische Meer kommen. Die Tempel stehen seit Jahrhunderten, den Monsun erwarten die Menschen seit undenklichen Zeiten. Auf Kurs Zukunft dagegen sind alle vier Hauptstädte der großen südindischen Staaten, voran Bangalore, aber auch Chennai, Hyderabad und Thiruvananthapuram: Sie alle haben sich High-Tech-Parks zugelegt und investieren in rasch gewachsene Computerzentren – so erfolgreich, daß Indien mehr Software exportiert als jedes Land Europas.

Das Land der langen Strände – die weitbekannte Kovalam-Bucht in Kerala (oben) und rund 40 Kilometer weiter nördlich die Varkala-Beach (rechte Seite) – beide werden mit zu vielen, architektonisch nicht gerade preiswürdigen Hotels besetzt. Aber es gibt auch verlockend gute Häuser zum Ferienglück.

Neue Städtenamen, alte Dynastien

Klangvoll tönen Südindiens Namen, von der Malabarküste im Westen bis zur Koromandelküste im Osten, von Mangalore bis Bangalore, von Kozhikode bis Thanjavur. Aber Achtung: An viele neue Namen muß man sich erst gewöhnen. Madras, Indiens viertgrößte Stadt und Hauptstadt von Tamil Nadu, heißt wieder Chennai, statt Trivandrum nennt sich Keralas Hauptstadt Thiru-

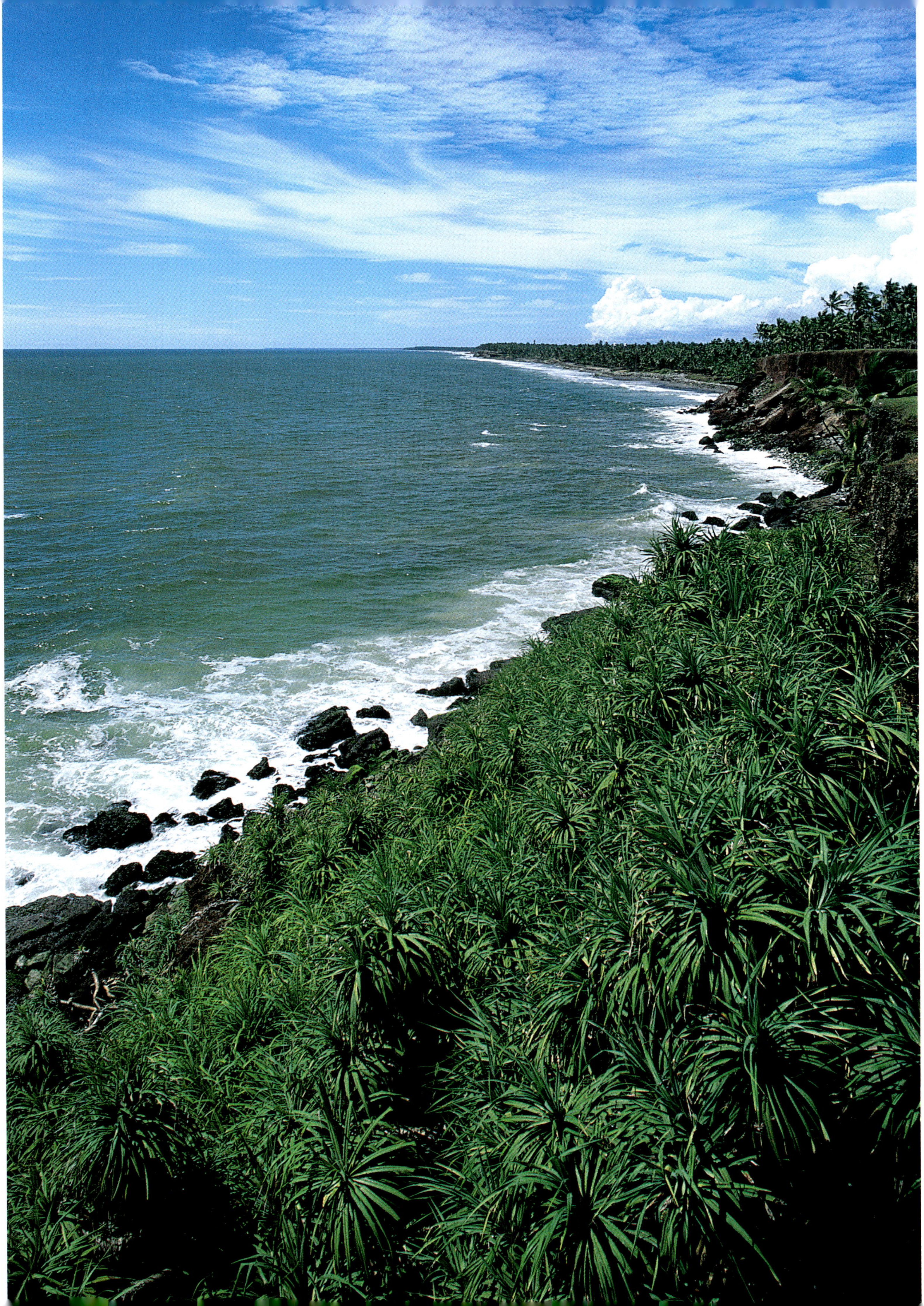

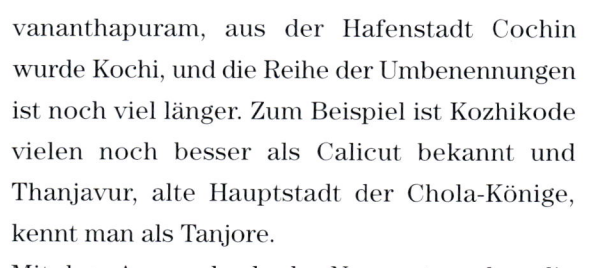

vananthapuram, aus der Hafenstadt Cochin wurde Kochi, und die Reihe der Umbenennungen ist noch viel länger. Zum Beispiel ist Kozhikode vielen noch besser als Calicut bekannt und Thanjavur, alte Hauptstadt der Chola-Könige, kennt man als Tanjore.

Mit dem Auswechseln der Namen tauschen die südindischen Städte Etiketten ihrer kolonialen Vergangenheit gegen ältere Erinnerungen und Traditionen des drawidischen Südens. Gewiß auch darum, weil indische Geschichte seit langem aus der Perspektive Delhis und mit dem Schwerpunkt auf dem Norden überliefert wird. Der Süden hat jedoch seine eigene Geschichte, auch wenn ihre Anfänge noch im Dunkeln liegen und Namen von herrschenden Dynastien erst in den Jahrhunderten vor Beginn der christlichen Zeitrechnung greifbar sind.

Damals grenzte das Großreich des Maurya-Kaisers Ashoka an die tamilischen Königreiche der Cheras und der Cholas – letztere errangen um das Jahr 1000 n.Chr. die Vormacht in ganz Südindien. Bereits vor Christi Geburt knüpften jedoch Kaufleute ihre

Handelsverbindungen von der Südspitze Indiens über See bis in die malaiische Inselwelt und zu den Küsten des Mittelmeers. Funde antiker römischer Münzen in Südindien zeugen davon.

Andere Reiche im Dekkan-Hochland nördlich des Flusses Kaveri (Cauvery) entstanden in den Jahrhunderten vor und nach Christi Geburt in der Begegnung der tamilischen Kultur mit den eingewanderten Aryas, den Ariern, aus dem Norden. Buddhisten und Jains konnten Klöster im hinduistischen Südindien gründen.

Seit dem 6. Jahrhundert n.Chr. rivalisierten die Chalukyas mit ihrer Hauptstadt Vatapi (heute: Badami) im Westen des Dekkan mit den Pallava-Herrschern, die in Kanchipuram nahe der Ostküste residierten, und mit den Pandyas im Süden. Noch Marco Polo berichtet in seinen Aufzeichnungen von seiner Heimreise aus China 1293 von dem Reichtum der Pandyas, deren Staatsschatz eine reiche Perlensammlung enthielt.

Im 8. Jahrhundert konnte die aufsteigende Dynastie der Rashtrakutas die Chalukyas verdrängen und ihre Herrschaft im Dekkan für zwei Jahrhunderte behaupten. Indiens Süden hat also insgesamt deutlich länger mit autochthonen Hindu-Herrschern den Angriffen von Arabern, Persern und Turkvölkern widerstanden als der Norden. Im 14. Jahrhundert mußte sich jedoch der letzte König der in Dorasamudra (heute: Halebid) regierenden Hoysalas dem Ansturm aus Norden geschlagen geben, und der größte Teil Dekkans und des tamilischen Südens geriet unter muslimische Herrschaft.

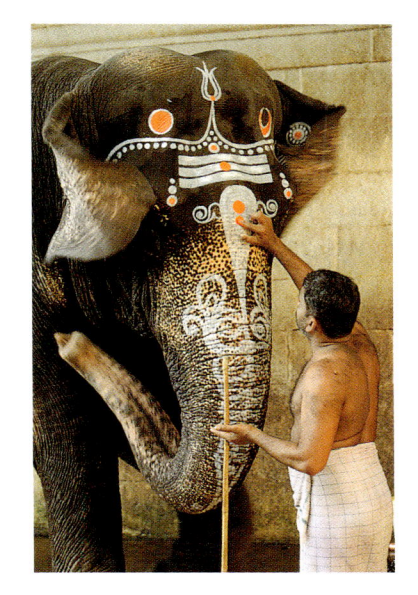

Vielfalt des Südens: Stadtleben in Hyderabad (linke Seite oben), auf den Backwaters (linke Seite Mitte), Sonnenblumenernte (linke Seite unten) und Landstraßenszene in Dekkan (unten). – Geduldig läßt der Elefant die langwierige Bemalungszeremonie über sich ergehen (oben). – Die Schwerkraft scheint aufgehoben bei den Athleten, die antike Kampfsportarten am Strand trainieren (Mitte).

Riesiger Steingarten: Vijayanagara

Unbedingt zu erinnern ist noch an das Reich von Vijayanagara (Siegesstadt), schon darum, weil dessen Hauptstadt gleichen Namens auch in Ruinen noch aufs großartigste einen Eindruck von der Gestalt einer mittelalterlichen Hindu-Kapitale bietet. Als «Weltkulturerbe» wurde das 26 Quadratkilometer große, heute meist Hampi genannte Areal inmitten des Bundesstaates Karnataka 1986 geschützt. Seither wird es in immer mehr touristische Programme aufgenommen. Steigt der Besucher auf schmalem Fußpfad zum Matanga-Hügel hinauf, überblickt er Tempel, Hallen und Pavillons zwischen gigantischen Granitfelsen wie in einen riesigen Steingarten gestreut. Vorzüglich verstand man sich in

Fortsetzung Seite 130

Mit dem Bambuslift ins Baumhaus

«Green Magic Nature Resort» heißt die neue Urwaldsiedlung in Kerala, wo man komfortabel dreißig Meter hoch in den Baumwipfeln wohnt. Hinauf und wieder hinunter kommt man je nach Lage des Baumappartements in der Landschaft per Hängebrücke oder mit motorlosem Lift. Ein Wassersack als Gegengewicht macht dem Liftaufzieher am Boden die Arbeit leicht, und ökologisches Wohlverhalten gehört sich im «Green Magic» ohnehin. Kein Jeep, sondern eine Elefantendame trägt das Gepäck vom Basiscamp hinauf, Solarenergie und Biogas ersparen die Stromleitung. Wanderungen auf Bergwaldpfaden, Gespräche mit dem freundlichen Chef über Fauna und Flora, gute Küche und die Chance, Elefanten zu beobachten – so nah ist man Indiens Waldnatur kaum irgendwo sonst.

In der Tempelstadt Madurai ist nach der Erntezeit der Stier los – inmitten der riesigen Menschenmenge rast das gereizte Tier durch die Stadt.

127

Heilkunst für Leib und Seele

Ayurveda und mehr Schönheit

1 Entspannte Gelassenheit dient der Heilung. Ein Ayurveda-Arzt mit Assistent berät in seiner Sprechstunde eine Patientin, in einem einst prächtigen Haveli in Mandawa im Norden Rajasthans. 2 Dem Patienten wird in den Trichter über seinem Kopf ein Kräuteröl verabreicht, langsam läuft es an seinem Körper hinab. 3 In einer Fabrik für Ayurveda-Heilmittel in Kerala.

«Ayurveda lehrt uns, wie wir unser Leben formen, erweitern und schließlich steuern können, ohne daß es den störenden Einflüssen von Krankheiten unterworfen ist. Diese traditionelle indische Heilkunst beruht auf einem universellen Konzept rein physikalischer Kräuteröl-Anwendungen, kombiniert mit der richtigen Ernährung und den entsprechenden Lebensgewohnheiten» – so bringt die deutsche Ayurveda-Spezialistin Karin Drexler dieses «Wissen vom gesunden und langen Leben» (das bedeutet Ayurveda übersetzt) auf eine kurze Formel. Seit acht Jahren in einem Ayurveda-Krankenhaus in Kerala tätig, warnt sie aber auch: vor einer Ayurveda-Schnellkurs-Mentalität und vor Ayurveda-Therapien etwa ohne jene Kräuter, die in Indien heimisch sind, in Deutschland aber wegen fehlender staatlicher Zulassung nicht so leicht zu haben sind. Tatsächlich läßt das sprunghaft angestiegene Interesse an dieser vor drei- bis viertausend Jahren entwickelten Gesundheitslehre allerlei pseudo-ayurvedische Institutionen sprießen.

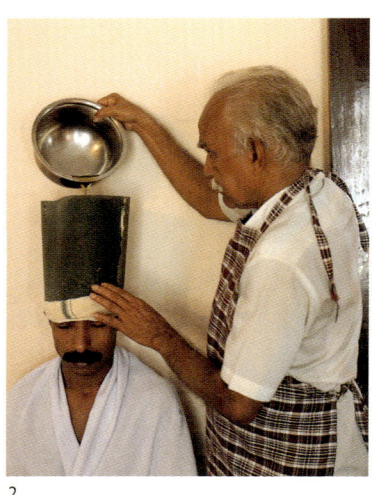

Wenig bekannt ist, wie stark im indischen Gesundheitswesen die ayurvedische Medizin auch heute genutzt wird. Mit rund 1500 Ayurveda-Krankenhäusern und über 300000 in Ayurveda ausgebildeten Ärzten, zu denen noch weitere

4 Bei der Fußmassage hält der Masseur sich am Seil. – 5 Der Buchhalter der Ayurveda-Fabrik im wohl gefüllten Kräuterlager. 6 Ayurveda-Massage. – 7 Durch eine Pipette wird ein Medikament in eine Flasche gefüllt.

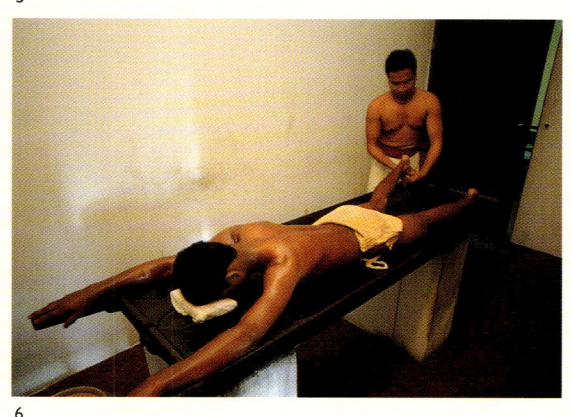

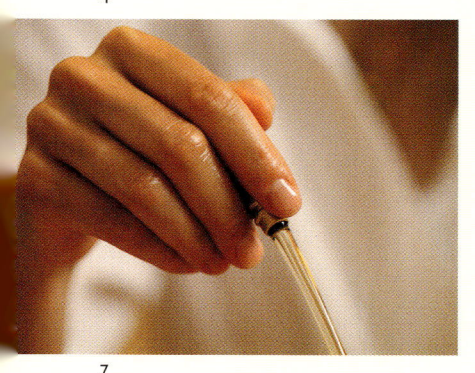

40 000 Ärzte anderer indischer Richtungen wie Unani und Siddha zu rechnen sind, hat die traditionelle Medizin sich neben der westlichen behaupten können. Als «German medicine» ist übrigens auch die von dem deutschen Arzt Samuel Hahnemann vor zwei Jahrhunderten entwickelte Homöopathie in Indien sehr geschätzt, wahrscheinlich wegen ihrer ganzheitlichen und kosmologischen Ausrichtung.

Dem Ayurveda-Patienten wird zur Gesundung oder Gesunderhaltung von Leib und Seele ein beträchtliches Maß an gewissenhafter Selbstdisziplin abverlangt. Auf Alkohol und Tabak soll verzichtet werden, möglichst auch auf Fernsehen. Mit täglicher Meditation, Tiefenatmung und Yoga – Teil der Ayurveda-Behandlung – findet der Mensch zu sich selbst. Wichtig sind auch die Ölmassagen und die vegetarische Diät, mit Basmatireis, Honig, Milch, Yoghurt, Trauben, Mangos und Gewürzen. «Wie sich der Bewohner einer Stadt um diese kümmert oder der Wagenlenker um seinen Wagen, möge der Weise aufmerksam hinsichtlich der Pflichten gegenüber seinem eigenen Körper sein» – so faßt Dietrich W. Wachsmuth, Leiter eines Ayurveda-Zentrums in Hamburg, die Ayurveda-Philosophie zusammen. Im günstigsten Fall wird es so möglich, die «gesamte Lebensspanne (idealerweise 120 Jahre) mit allen uns angeborenen Möglichkeiten und aufgetragenen Pflichten zu nutzen.

Ist dies der Ursprung des chinesischen Kung-Fu-Kampfsports? In Kerala wird diese Theorie von manchen Kathakali-Kämpfern vertreten. Die Schule Kalaripajatu in Thiruvananthapuram bildet im Kampf mit und ohne Waffen aus, aber auch im Schauspiel – Maskenbildnerei (unten) und das Einkleiden der Schauspieler in ihr Kostüm (rechte Seite unten). Gefährlich anzusehen: die langen Dolche mit gewellter Klinge (rechte Seite oben).

Vijayanagara auf die Kunst des Granitmeißelns und produzierte so faszinierende Meisterstücke wie den aus einem einzigen Block geschaffenen Tempelwagen mit Elefanten davor und beweglichen Rädern. Älter als die Königsstadt ist das Virupaksha-Heiligtum mit prächtig geschmücktem, 56 Meter hohem Gopuram, das noch heute Pilger anzieht.

1336 hatten die Bauarbeiten an der bald als uneinnehmbar gerühmten Stadt begonnen, hundert Jahre später war sie vollendet und erfüllte nochmals fast anderthalb Jahrhunderte ihre Aufgabe, den Vormarsch der muslimischen Heere nach Süden aufzuhalten. Die Katastrophe kam 1565: Die Muslime überwältigten das Hindu-Heer und verwüsteten die Stadt – 100 000 Menschen – sollen dabei ihr Leben gelassen haben. Die Schlacht von 1565 war das Ende der unabhängigen Hindu-Staaten im Süden.

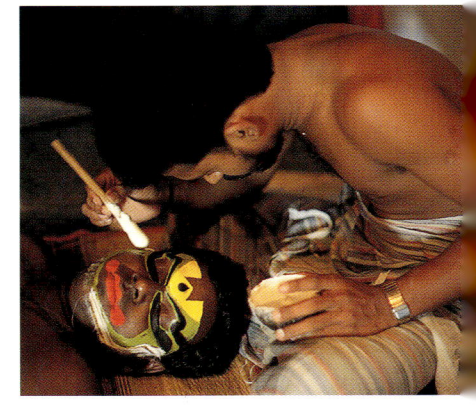

Die Europäer

Die europäischen Kolonialmächte, die als Handelspartner anfangs begrüßt wurden, begannen sich unterdessen mit ihren Ostindiengesellschaften kommerziell und mit überlegener Bewaffnung auch militärisch Schlüsselpositionen anzueignen. Portugiesen, Briten und Franzosen, auch Niederländer, kämpften im 17. und 18. Jahrhundert in Südindien um Handelsmärkte und koloniale Vormacht, in wechselnden Bündnissen mit den einheimischen und muslimischen Fürsten. Als Gegner der britischen Eroberer taten sich die Muslime Haydar Pascha und Tipu Sultan in Srirangapatnam bei Mysore hervor. In Tipus luftigem Sommerpalast Daria Daulat Bagh leben in alten Gemälden und Stichen die blutigen Gefechte und Schlachten fort, die letztlich immer auf dem Rücken der Hindu-Bevölkerung ausgetragen wurden. 1799, nicht einmal ein halbes Jahrhundert nach Robert Clives Siegen in Bengalen, überwältigten die Briten auch Tipu Sultan und waren alsbald Herrscher über fast ganz Südindien, für die nächsten anderthalb Jahrhunderte.

Goa, das die Portugiesen sich als erstes europäisches Machtzentrum in Indien angeeignet hatten – Perola da Oriente, «Perle des Ostens» nannten sie es – überdauerte auch am längsten als Kolonie. Bis nämlich Ministerpräsident Nehru 1961 grünes Licht für die «Operation Viyaja» (Sieg) gab und indische Truppen in den Küstenstaat einmarschierten. Sieben Jahre zuvor – 1954, also im Jahr der französischen Niederlage von Dien Bien Phu in Vietnam – hatte Frankreich sein letztes indisches Kolonialgebiet, das Territorium von Pondicherry an der Koromandelküste, an Indien zurückgegeben.

Ein Zwerg neben vier Großen: Goa

Im indischen Menschenozean ist Goas langgestreckter Küstenstaat eine überschaubare, manchem schon nach wenigen Tagen vertraute «Insel». Der Kulturschock der Megastädte bleibt aus. Die vier anderen Bundesländer des Südens, also Andhra Pradesh (rund 70 Millionen Einwohner), Tamil Nadu (rund 60 Millionen), Karnataka (rund 50 Millionen) und Kerala (rund 30 Millionen), zählen zusammen deutlich mehr als 200 Millionen Menschen, auf einer Fläche von rund 640 000 Quadratkilometern (weit mehr als die Fläche ganz Frankreichs). Nur etwa 1,2 Millionen Goaner leben dagegen in den wenigen Städten und längs des in Luftlinie nur rund hundert Kilometer langen palmgrünen und sandweißen Küstenstreifens von Goa. Dahinter erheben sich die

131

Die schlanken Boote mit spitzem Bug und Heck werden nach jeder Ausfahrt mit gegenseitiger Hilfe auf den Strand gezogen (unten). In Körben werden die Fische zum Markt gebracht (rechts).

dschungelüberzogenen Berge der Sahyadri-Kette fast siedlungsfrei. Auch die Goaner suchen sich in den arabischen Ölstaaten Arbeitsplätze, weil es daheim daran fehlt, aber dafür gibt es in Goa keine Slums.

Ist Goa mit seinem Wohlstand, seinen Kirchtürmen und Glocken etwa gar nicht ganz indisch? Goa zählt heute wieder zum Land der Hindus, die Katholiken sind seit langem in der Minderheit, und der barocke Goldglanz der Kathedrale in Velha Goa (Alt-Goa), zehn Kilometer von Goas Hauptstadt Panjim, mutet sehr museal an. Das Christentum hat wie im Rest der Welt auch in Goa sein Doppelgesicht gezeigt. Mit missionarischer Brutalität wurden fast alle Hindu-Tempel zerstört, und Inquisitionstribunale maßten sich jede Macht über Hindu-Seelen an, während Priester sich in ihren Gemeinden mit karitativer Hingabe um Bildung und Gesundheit bemühten. In Goa wurden die Bauern dagegen nicht von christlichen Großgrundbesitzern ausgebeutet und proletarisiert, und die uralte Selbstverwaltungs-Tradition der Panchayats, der Dorfräte, blieb erhalten.

Überfremdung seiner indischen Lebensart droht dem traumschönen Ländchen nicht von christlichen Missionaren, sondern eher vom Tourismus – denn da steht es mit seinen berühmten Stränden unter den indischen Urlaubsdestinationen obenan. Bei weitem nicht alle Goaner zeigen sich glücklich über die lärmigen Strandfeten der Rucksacktouristen und den kaum kontrollierbaren Drogenhandel. Entsetzt vom Ressourcenverbrauch der Touristen sind die Umweltschützer, die gegen die Abfallberge wie gegen die Energie- und Wasserverschwendung der großen Hotels

Die Vielzahl der Religionen prägt Südindien: Neben den großartigen hinduistischen Tempeln gibt es auch Moscheen wie hier in Vizhinjam, Kerala (oben) und eine Vielzahl christlicher Kirchen. Typische Backwaterlandschaft mit natürlichen und künstlichen Kanälen (links).

protestieren. Ihre Appelle zeigen in Goa Wirkung: Wiederaufbereitung von Brauchwasser für die Rasenpflege und Energiesparsysteme werden auch im tropischen Hotelbau üblich. Temperamentvoller Pionier eines umweltfreundlichen Luxustourismus ist der Textil-Tycoon und Gründer der Leelaventure-Hotels Captain C. P. Krishna Nair, der Bauherr des als «Best Luxury Beach Resort» mehrmals ausgezeichneten «Leela Palace» im südlichen Goa. Für dieses Wohlfühl-Juwel mit seinen eleganten Bungalowsuiten inmitten künstlicher Wasserläufe, tropischer Blüten und mächtiger Bäume empfing Captain Nair neben anderen hochkarätigen Umweltpreisen auch die begehrte «Green Hotelier»-Ehrung der internationalen Hotel- und Restaurant-Vereinigung.

Am südlichsten Punkt Indiens, auf der kleinen Felseninsel vor Kap Kanyakumari (früher: Kap Comorin), stehen die Frauen in der Vorhalle des Tempels, der an die Göttin Devi Kanya erinnert und an ihre Liebe zum Gott Shiva (links). Andere Erinnerungsmale sind dem Philosophen und Erneuerer des Hinduismus Swami Vivekananda und Gandhi gewidmet. – Reicher Fang an der Küste des südlichen Kovalam (unten). – Die Familie fühlt sich wohl im sanft-warmem Wasser am Golden Beach.

Die vier großen Südstaaten

«Sie müssen nach Kerala reisen» – das raten einem nicht nur die Reiseveranstalter, sondern praktisch jeder, der diesen aus den früheren Fürstenstaaten Travancore und Cochin und dem Distrikt Malabar zusammengefügten Staat kennt. Kerala zeigt sich wie Goa in tropischer Fruchtbarkeit, mit Tee-, Kautschuk- und Gewürzplantagen bis in die gebirgigen Höhen, mit Elefanten im Dschungelreservat des Periyar-Wildlife-Sanctuary, mit wunderschönen, vorerst auf langen Strecken nur mit einzelnen «Resorts» besetzten Palmenstränden, und mit dem schiffbaren Wasserlabyrinth der «Backwaters». Das ist das Netz von Keralas Flüssen, Kanälen und Seen, die sich über 1920 schwer nachmeßbare, aber mit Garantie geruhsam befahrbare Kilometer erstrecken, ein wahres Hausboot-Paradies. Die in europäischen Augen bedenkliche Tatsache, daß Wähler schon 1956 gleich nach Keralas Gründung und noch oft danach kommunistische Regierungen an die Macht gebracht haben, sieht aus indischer Perspektive gänzlich anders aus: Kein Totalitarismus nach kubanischem Muster hat sich an der Malabarküste breitmachen können, dafür eine umfassende Sozialordnung, die die allgemeine Ausbildung und Bildung und nachdrücklich auch die Bildung der Frauen fördert.

In Kerala, wo das drawidische Malayalam gesprochen wird, kann man stolz auf die mit weitem Abstand niedrigste Analphabetenrate Indiens weisen. So scheint es erstaunlich, daß die Einkommen in Kerala im Schnitt trotzdem weit unter denen vom Punjab und von Maharashtra und im Schnitt eher im indischen Mittelfeld liegen. Doch wie in den anderen indischen Südstaaten trifft man selten auf Industrie; mit Tee und Tapioka, Reis und Pfeffer werden die Dörfer aber nicht so reich wie einst die portugiesischen Gewürzkaufleute von Kochi und Kozhikode. Der Bade- und Backwaters-Tourismus soll in Zukunft noch mehr Menschen ernähren, und Keralas Engagement in der Computerindustrie hat gute Chancen auf dem Weltmarkt.

In Kerala kann man heute den schönsten Strandurlaub machen. Aber auch Karnataka, Tamil Nadu und Andhra Pradesh haben ihre Strände, ihre Nationalparks, gepflegte Hotelkultur und Dschungelwildnis. Bodenschätze werden gefördert, zum Beispiel Gold in Karnataka, Flugzeuge und Lastwagen werden gebaut, in Karnataka und in Tamil Nadu, vor der Küste von Andhra Pradesh wird Erdöl gewonnen. Jeder Staat hat eine andere Hauptsprache: Tamil in Tamil Nadu, Kannada in Karnataka und Telugu in Andhra Pradesh. Der Hindu-Glaube eint die große Mehrheit (neben Muslimen und – in Kerala zahlreichen – Christen), und Englisch ist in vielen Situationen fast unentbehrlich. Vom Hindi, der Staatssprache Nummer eins, hält der Süden allerdings wenig.

Abseits der Hindu-Siedlungen und der touristischen Ziele in den Bergregionen leben Adivasis, die Reste der Urbevölkerung mit rund 68 Millionen Stammesangehörigen, die hier wie auch anderswo in Indien ganz im Ungewissen über ihre künftige Identität leben – zwischen dem Anpassungsdruck von außen, der sich steigert, und dem Verlangen, ihre Traditionen den nächsten Generationen weiterzugeben.

Experten der Ethnologie aus allen Kontinenten veröffentlichen über die Adivasis allemal sehr spezielle wissenschaftliche Forschungsberichte. Einfühlsam und zugleich aufschlußreich wie kein anderer in Deutschland hat der Autor und Filmemacher Clemens Kuby über das Hirtenvolk der Todas in den Nilgiri-

Das Indien der Fakire, der Gaukler und Magier: Beim Taipusam-Fest in Tamil Nadu zieht ein junger Mann den Wagen an Seilen, die an Haken in seinem Rücken befestigt sind, ein älterer schwebt an einer langen Bambusstange über dem Kuhrücken.

Vielleicht trifft zu, was man Gästen erzählt: Die Männer und Frauen, die sich vor der Prozession mit langen Metallstäben die Wangen und die Zunge durchstechen und daran Lasten tragen, dazu noch im Laufen, seien durch betäubende Gewürze schmerzfrei gemacht worden.

Bergen berichtet, über ihre Milchtempel, ihre Partnerwahl, ihre eigentümliche Büffel-Besitzordnung und ihre spitzfindig friedliche Dorfgesellschaft, in der die Beratungsplätze nur den Männern offenstehen, die Frauen aber noch immer ihr letztes matriarchalisches Wort haben.

Von grandioser Fülle ist Südindiens Reichtum an überkommenen Tempeln und Heiligtümern. Das so riesige wie kunstreiche Felsrelief der Ganges-Legende in Mamallapuram (früher: Mahabalipuram) südlich von Chennai (Madras) etwa lohnt auch eine längere Anfahrt: Nicht weit vom feinsandigen Strand (mit eigenem Strandtempel) befindet es sich mit anderen Großreliefs und Höhlentempeln an einem 40 Meter hohen Felsbuckel. Eine natürliche Vertiefung im Fels stellt das Bett der Ganga dar; Götter,

Ganz so einsam wie früher ist es nicht mehr, seit die Denkmalpfleger die Ruinen von Hampi – alter Name: Vijayanagara – freigelegt haben und obendrein die UNESCO die mittelalterliche Hauptstadt des indischen Südens in die Liste des Weltkulturerbes aufgenommen hat. Relief einer Umarmung beim Vittala-Tempel (unten), Reliefs in Mamallapuram, mit Ziegenbesuch (rechte Seite).

Menschen und Tiere feiern die Herabkunft d0er Ganga. Nicht versäumen sollte man auch die 18 Meter hohe Statue des Jain-«Furtbereiters» Gomateswara auf einer Felskuppe westlich von Bangalore und die Ruinenstadt von Vijayanagara (siehe Seite 125 und 130) im Norden Karnatakas – alle auf ihre Weise einzigartig im überlieferten Kulturerbe. Die Tempel von Thanjavur und von Madurai, von Kanchipuram, von Belur und von Halebid, die Forts und Paläste von Hyderabad und Mysore… – es braucht mehrere Reisen und einen guten Reiseführer, um sie alle kennenzulernen. Und natürlich verfehlt man die Schönheit des Südens, nimmt man sich nicht Zeit für das Unspektakuläre: zum Beispiel für eine Mahlzeit unter den mächtigen Bäumen des Bolghatty Palace Hotels auf der Insel gleichen Namens bei Kochi. Oder für einige Ferientage auf einem keralitischen Landhaus wie etwa «Kalappura» bei Trichur, wo man in die Geheimnisse der Küche und der Ayurveda-Medizin eingeweiht wird. Oder – unvorhergesehene Freude zu erleben, das ist auch sehr indisch.

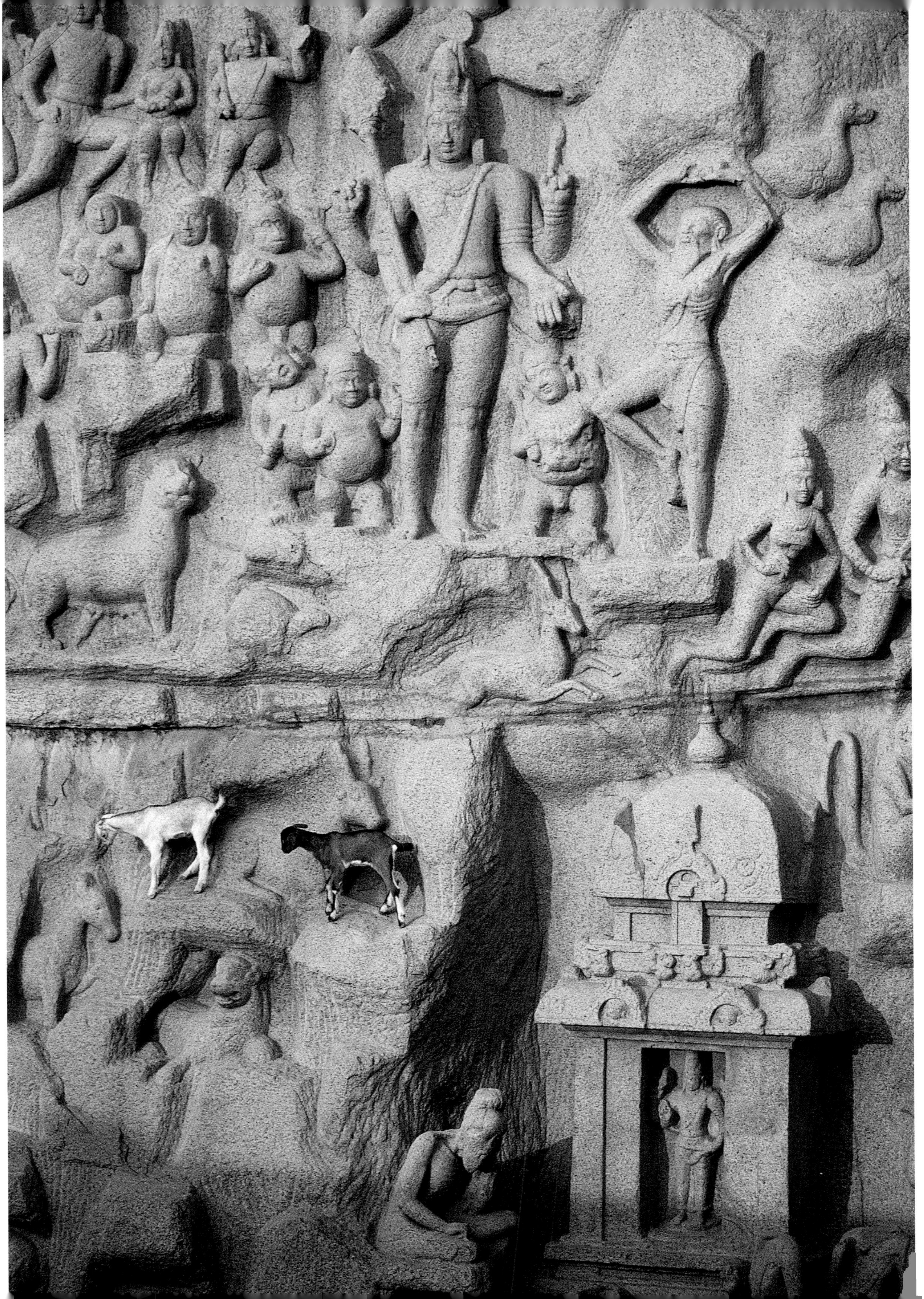

Das Indien der grünen Felder: Immer wieder trifft man auf Szenen ländlicher Arbeit und ländlichen Friedens, auf die Frauen in ihren leuchtendbunten Gewändern und auf Kinder in den Reisfeldern. Die Männer halten sich lieber fern von dieser Arbeit.

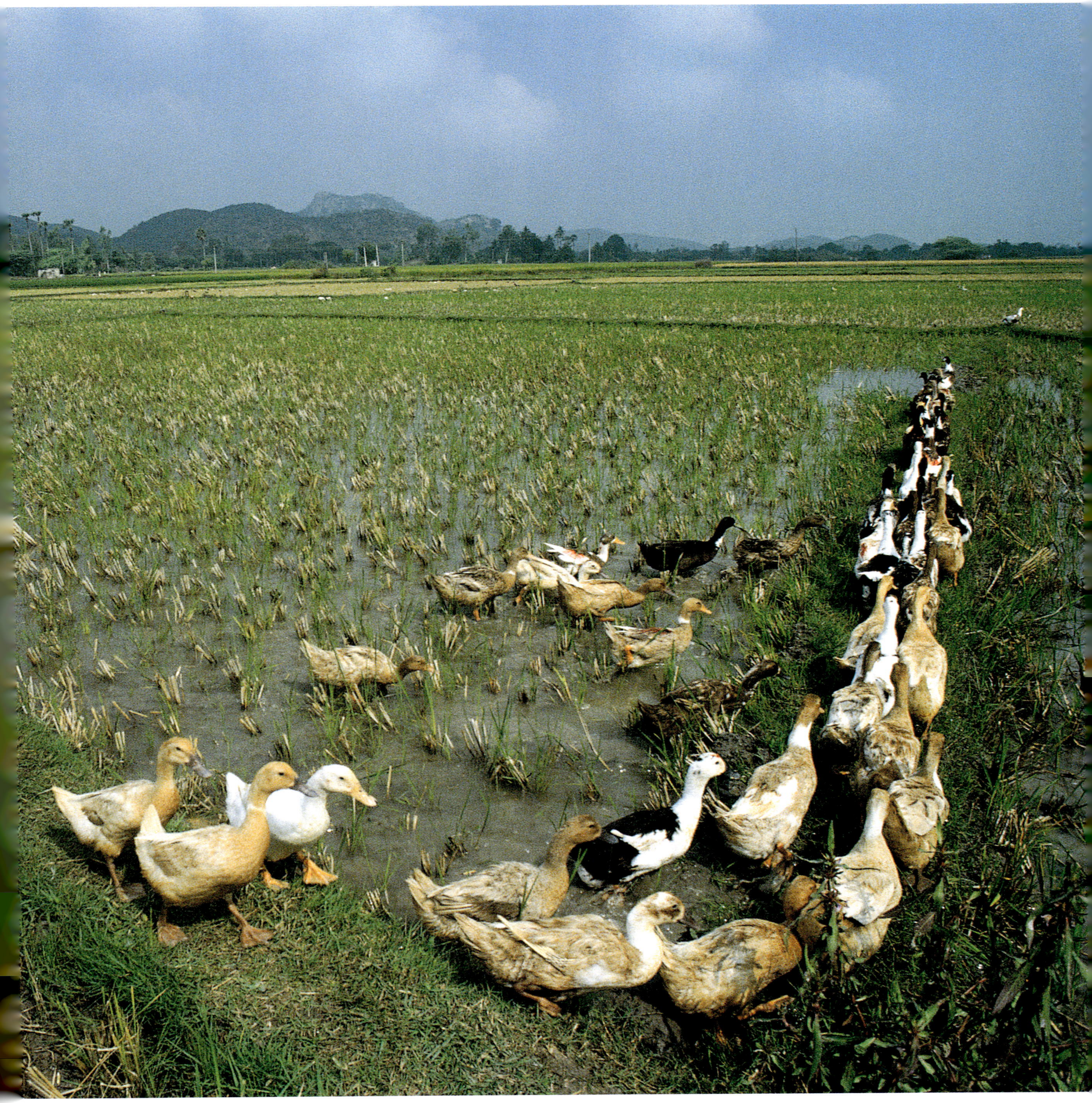

Die Tempeltürme von Madurai.

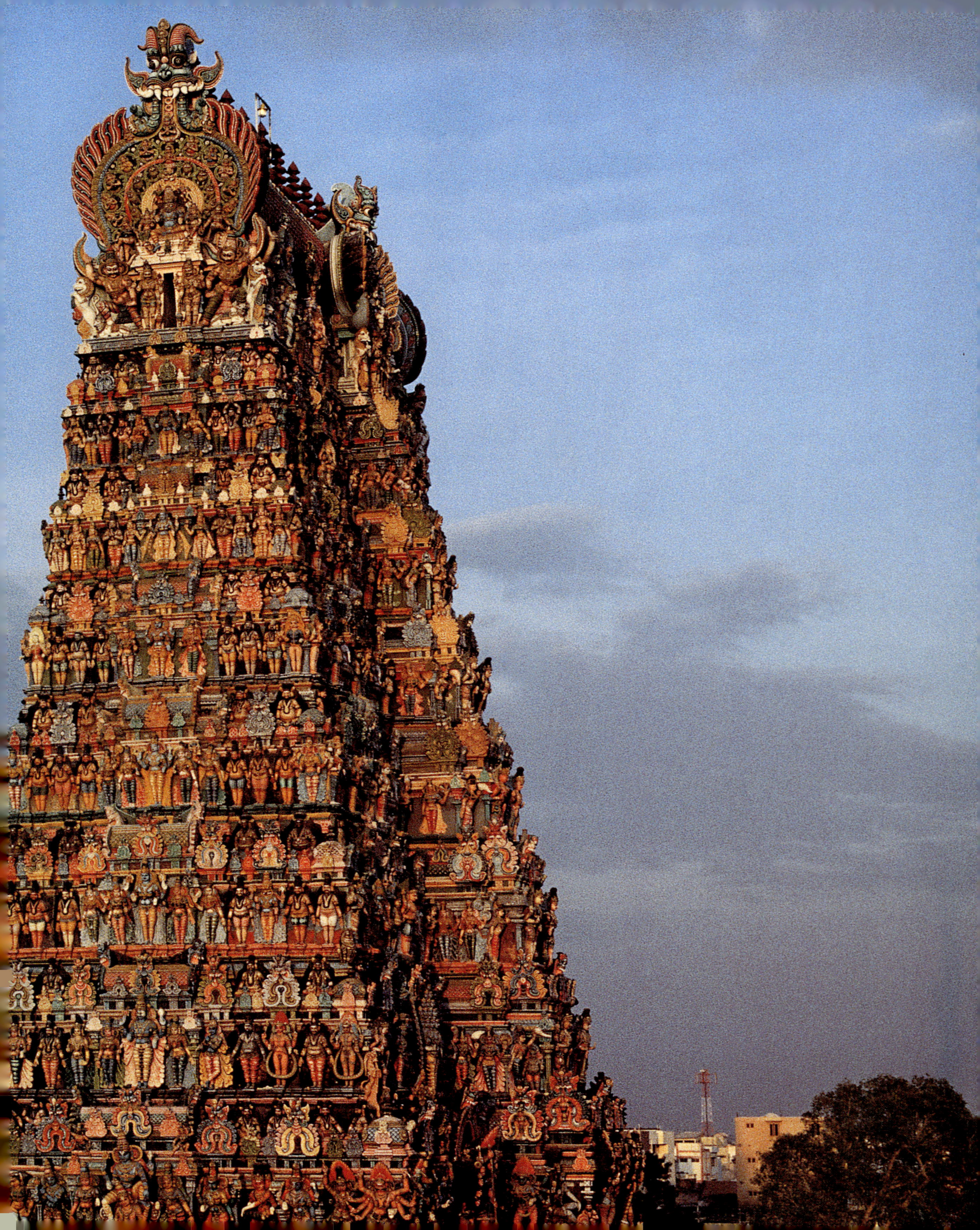

Unterkünfte der nicht alltäglichen Art

Heritage Hotel oder Baumhaus

Ob Heritage-Hotel mit Maharaja-Vergangenheit, ob Hausboot oder Luxusherberge aus der Raj-Ära, der britischen Herrschaft – farbig wie Indien selbst und fast ebenso unerschöpflich ist die Auswahl an besseren Unterkünften: 1 «Desert Resort» bei Hardwar am Ganges. 2 Die neue Wohnidee: «Green Magic», hoch im Baum, in Kerala.

Von Arabien bis an die Ufer des Pazifiks verwöhnt Asien seine zahlungskräftigen Gäste mit Luxus unter Palmen, mit marmornen Palästen und ausschweifenden Pools, mit kühlen Cocktails zum Willkommen und mit tropischen Früchtekörben, jeden Morgen frisch. Indien bietet das alles und ist doch wieder als eine Welt für sich zu entdecken. Wenn sich der Tourist nur die kleine Mühe macht, einmal nach anderem als dem normal aufwendigen Vier- oder Fünfsterne-Komfort Ausschau zu halten. Es muß nicht immer vom «Taj Mahal» in Mumbai, vom «Lake Palace» in Udaipur die Rede sein, so berühmt diese und noch etliche andere vergleichbare Adressen ohne Zweifel sind.

Die bunte Heritage-Mischung macht's! In Darjeeling zum Beispiel wird man im «Windamere» nach abendlicher Salonrunde in seinem Zimmer nicht nur ein Kaminfeuer, sondern auch eine Wärmflasche unterm Federbett vorfinden – ein unverfälschtes Stück Old-England-Gemütlichkeit, über Jahrzehnte von der tibetischen Eignerin des Hauses bewahrt. Auf Karni Fort hoch über dem Dorf Bambora in Rajasthan hat Thakur Sunder Singh, Erneuerer dieser scheinbar hoffnungslos baufälligen Rajputenburg, ein Quartier für Romantiker mit einem Schuß Abenteuerblut geschaffen. Auch in heißesten Stunden kühlt sanft der Wind auf den luftigen Terrassen, Pferde stehen zum Ausritt bereit. In die Wände sind kleine Spiegel eingelassen, rotgolden wartet in der Suite ein rundes Doppelbett. Stundenlang können Indienfahrer von solchen Heritage-Adressen erzählen. Mit Schmunzeln auch von altertümlichen Telefonanlagen, knarrenden Schranktüren und streikenden Toilettenspülungen, mit denen manches fürstliche Haus überrascht. Wer solche Risiken mit Sicherheit vermeiden will, quartiert sich in den Edelherbergen der Leelaventure-Group, der Oberoi-Group, der Taj-Group, der Welcom Group ein und darf Indiens Glanz fleckenlos genießen. Nahe dem anderen Ende der Komfortskala finden sich die Forest Lodges, die meist staatlich geführten und ordentlichen Hüttenquartiere in den Nationalparks. Wie man aber ein Quartier im Dschungel ganz anders einrichten kann, nämlich hoch in den Baumkronen, erlebt man seit zwei Jahren in Südindien: im «Green Magic Nature Resort» (siehe Seite 126).

3 und 4 Einst Lastboot, heute Hausboot – in den Backwaters Keralas. 5 Maharaja-Prunk aus dem frühen 20. Jahrhundert bietet der Umaid Bhawan Palace in Jodhpur. 6 Vom Feinsten und in Kalkutta die beste Adresse: «Oberoi Grand».

Planen, Reisen, Genießen

Größe/Lage/Naturraum

Mit rund 3,3 Millionen Quadratkilometern ist Indien rund neunmal so groß wie die Bundesrepublik Deutschland. 20 Prozent der Fläche ist Waldbestand, 50 Prozent Agrarland, davon ist etwa ein Drittel bewässert. 3214 Kilometer liegen zwischen Indiens Nordpunkt im Himalaya und Kap Kanyakumari im tropischen Süden, wo Indischer Ozean und Arabisches Meer zusammentreffen. Das ist weiter als die Strecke von Rom nach St. Petersburg, und annähernd ebenso groß ist auch die West-Ost-Ausdehnung zwischen

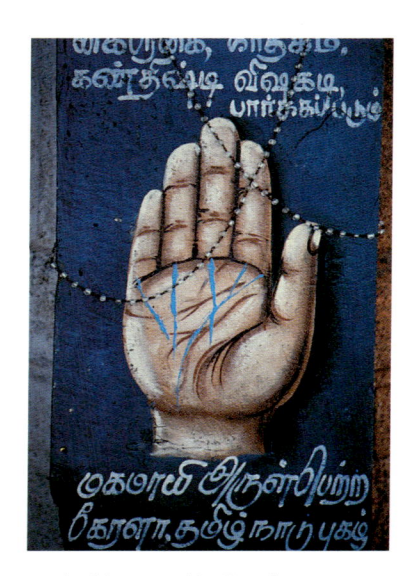

Werbeplakat eines Handlinienlesers.

Gujarat nahe der Indusmündung und dem Himalaya-Territorium Arunachal Pradesh. Diese riesige Landmasse gliedert sich in drei Großlandschaften: erstens das riesige Hochland des Dekkan, die ganze Halbinsel umfassend und hinter den Küsten von den «Ghats», den bis auf 2600 Meter aufsteigenden Randgebirgen, begrenzt; zweitens die Tiefebene Nordindiens, die das fruchtbare Fünfstromland Punjab, die semiaride Wüste Thar und das Ganges-Brahmaputra-Tiefland umfaßt; drittens hat Indien mit rund zehn Prozent seines Staatsgebiets Anteil am Himalaya. Höchster Berg Indiens ist mit 8586 Metern der Kanchenjunga. Vom längsten Fluß, dem Ganges (2511 Kilometer Gesamtlänge), durchströmen 2125 Kilometer indisches Gebiet. Die sieben Nachbarn an den 15 200 Kilometer langen Grenzen Indiens sind Pakistan, Afghanistan, China, Nepal, Bhutan, Bangladesch und Myanmar (Burma).

Pfefferstaude in den Nilgiri-Bergen.

Flora und Fauna

Von den Zedern und Koniferen in der alpinen Vegetation des Himalaya über die Sandwüsten und Dornsavannen bis zu den tropischen Regenwäldern und Mangroven südlich vom Wendekreis des

Die Dungapur Mela, ein Fest des Stammes der Bhils.

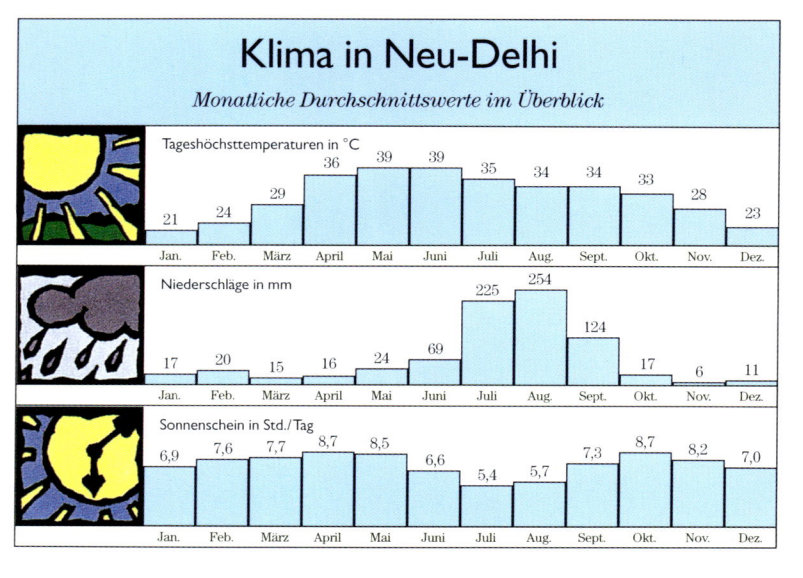

Klima in Neu-Delhi
Monatliche Durchschnittswerte im Überblick

Tageshöchsttemperaturen in °C

Jan.	Feb.	März	April	Mai	Juni	Juli	Aug.	Sept.	Okt.	Nov.	Dez.
21	24	29	36	39	39	35	34	34	33	28	23

Niederschläge in mm

Jan.	Feb.	März	April	Mai	Juni	Juli	Aug.	Sept.	Okt.	Nov.	Dez.
17	20	15	16	24	69	225	254	124	17	6	11

Sonnenschein in Std./Tag

Jan.	Feb.	März	April	Mai	Juni	Juli	Aug.	Sept.	Okt.	Nov.	Dez.
6,9	7,6	7,7	8,7	8,5	6,6	5,4	5,7	7,3	8,7	8,2	7,0

Krebses lebt in Indien eine der artenreichsten Pflanzenwelten der Erde. Rodungen für Siedlungen und Landwirtschaft sowie Raubbau am Wald zur Gewinnung von Energie fürs Kochen und Heizen haben die indische Waldfläche auf ein Fünftel des Gesamtgebiets vermindert, mit schweren Folgeschäden wie Erosion und Klimaverschlechterung. Mit Aufforstungsprogrammen will man das ökologische Gleichgewicht wiederherstellen. Zugleich hat der Staat im letzten Drittel des 20. Jahrhunderts eine große Zahl von Nationalparks, Wildreservaten und Vogelschutzgebieten eingerichtet, die als lebendige Genbanken konzipiert und auch für den Tourismus wichtig sind. Auch die drei indischen Nationalsymbole unter der großartigen Vielfalt der Tierwelt sind schutzbedürftig: der farbenprächtige Pfau, der Tiger und der Elefant. 1998 konnte das «Project Tiger» sein 25-jähriges Bestehen feiern. Einer der Erfolge des Projekts: Die Zahl der Tiger in Indien, die um 1970 schon auf unter 2000 gesunken war, wird heute wieder auf rund 4000 geschätzt.

Mehrsprachige Ladenbeschriftung.

Unter dem größten Banyanbaum der Welt im Botanischen Garten von Kalkutta.

Bevölkerung

Rund eine Milliarde Menschen zählt die indische Bevölkerung, etwa zwölfmal soviel wie die deutsche oder fast dreimal soviel wie die der Europäischen Union. Nach offizieller Statistik sind rund 83 Prozent Hindus, 11 Prozent Muslime, 2,4 Prozent Christen, 2 Prozent Sikhs, nur 0,7 Prozent Buddhisten, 0,5 Prozent Jains, 0,4 Prozent »Sonstige« – wobei der Anteil der Ureinwohner, der Adivasis, stark unterschätzt wird: Andere Quellen sprechen von bis zu 7 Prozent Adivasis.

Sprache und Schrift

Es gibt 18 von der Verfassung anerkannte Hauptsprachen und mehr als 1600 Sprachen und Dialekte kleinerer Gruppen! Indien ist trotzdem kein Babel, und das Englische als wichtigste gemeinsame Amtssprache überwindet auch die Kluft zwischen den indoarischen Sprachen des Nordens und den drawidischen Sprachen des Südens samt den zugehörigen, ganz verschiedenen Schriften.

Klima/Reisezeit

Indien hat rund ums Jahr Saison: in kurzen Sommermonaten in den hochgelegenen Himalayagebieten – wie etwa Ladakh -, die winters wegen starker Schneefälle unzugänglich sind, sowie in den «Hill Stations» etwa von Himachal Pradesh und Kaschmir. Im Frühling und Herbst locken die subtropischen Zonen, und im europäischen Winter ist es sowohl in den Tropen wie in den Subtropen angenehm – auch in Rajasthans Wüste Thar, wo man sich nur auf die empfindlich kalten Nächte einzustellen hat. Meist ab Juni bis etwa Anfang Oktober ziehen die sehnsüchtig erwarteten Monsunregen über

Zum Pongalfest geschmückte Tiere.

Klima in Chennai (Madras)
Monatliche Durchschnittswerte im Überblick

Tageshöchsttemperaturen in °C	Jan.	Feb.	März	April	Mai	Juni	Juli	Aug.	Sept.	Okt.	Nov.	Dez.
	30	31	33	35	38	38	36	35	34	32	30	29

Niederschläge in mm	Jan.	Feb.	März	April	Mai	Juni	Juli	Aug.	Sept.	Okt.	Nov.	Dez.
	28	13	6	11	39	63	127	164	142	283	373	147

Sonnenschein in Std./Tag	Jan.	Feb.	März	April	Mai	Juni	Juli	Aug.	Sept.	Okt.	Nov.	Dez.
	8,6	9,6	9,6	9,7	9,1	6,7	5,7	6,4	6,6	6,7	6,2	7,0

Wassertemperaturen in °C	Jan.	Feb.	März	April	Mai	Juni	Juli	Aug.	Sept.	Okt.	Nov.	Dez.
	26	27	27	28	29	29	28	28	28	28	27	27

Verehrter Stein mit Buddhas Fußabdrücken in Bodhgaya/Bihar.

Indien. Wer feuchtwarme Luft meiden will, legt seine Reiseroute abseits der jeweiligen Monsunregionen. Kurz vor dem Einsetzen des Monsuns ist die Hitze am größten. Wer zu dieser Zeit reist, sollte tägliche Ruhepausen von 10 bis 17 Uhr einlegen und ein etwas teureres Hotelzimmer mit funktionierender Klimaanlage einplanen.

Zeit

Die in ganz Indien einheitliche Zeit ist Europa im Winter 4,5 Stunden, im Sommer 3,5 Stunden voraus.

Feiertage

Alle Tage ist irgendwo in Indien ein großer Feiertag, jede Region hat neben den großen gesamtindischen Festen auch ihre eigenen. An welchem Tag aber welches Fest gefeiert wird, läßt sich schwer sagen, weil bis auf die wenigen regierungsamtlichen Feste überall nach dem Mondkalender und deshalb natürlich jedes Jahr an einem anderen Datum gefeiert wird. Beim Indischen Fremdenverkehrsamt können Sie nach den aktuellen Fest- und Festivalterminen, etwa nach Shivarati, dem Shiva-Fest im Februar/März, das in allen Shiva-Tempeln gefeiert wird, nach dem berühmten Frühlingsfest Holi mit seinen vergnügten Farborgien, nach dem Krishna-Fest Janmastami (August/September), nach Dussehra mit seinen beeindruckenden Götterbilder-Prozessionen, das ganz besonders prächtig in Mysore ist (September/Oktober).

Feste mit unverrückbaren Daten:
26. Januar: Republic Day
15. August: Independence Day
2. Oktober: Gandhi Jayanti (Gandhis Geburtstag)
25. Dezember: Christmas Day

Fröhliche Holi-Fest-Teilnehmer (oben links). Ernster ist das Tempelfest der Ahir: im Kutch, einer in Gujarat gelegenen Salzwüste (links).

Anreise

Die wichtigsten Flughäfen für Touristen sind Delhi und Bombay, die von zahlreichen Linien angeflogen werden. Ein Flug von Frankfurt/Main nach beiden Zielen ohne Zwischenstop dauert etwa siebeneinhalb Stunden.

Ärztliche Versorgung

Die indischen Ärzte sind in der Regel gut qualifiziert und sprechen englisch, in den großen Städten findet man auch – meist private –

Sadhus beim Baden im Heiligen Fluß Ganges.

Krankenhäuser von westlichem Standard. Adressen erfragt man am besten in einem besseren Hotel, auch wenn man dort nicht Gast ist. Lästige Magen-Darm-Störungen, von denen manche Indienbesucher betroffen sind, können meist mit der Reiseapotheke behoben werden. Für den ernsten Notfall schließt man am besten eine Reisekrankenversicherung mit Rücktransportanspruch ab.

Die rosarote Stadt

Der schönste Spaziergang durch Jaipur

Moschee in der Walled City, der Altstadt von Jaipur (oben). Auf dem riesigen Basar wird jeder fündig (unten links und rechts).

Indiens Millionenstädte laden eher nicht zu Spaziergängen ein. Aber Jaipurs ‹Pink City›, der Altstadtkern aus dem 18. Jahrhundert, ist so reizvoll, daß man für auch Verkehrsgedränge in Kauf nehmen kann. Am besten läßt man sich zum Sanganer Gate der ‹Rosafarbenen Stadt› fahren. Mit seinen vielfältig gegliederten Fassaden, mit Arkaden, schmalen Treppen, Dachpavillons und einem Gassenlabyrinth innerhalb der Rasterblöcke lockt diese ‹Walled City› zu immer neuen Erkundungen.

Dem Johari Basar nordwärts folgend, erblickt man die filigrane Fassaden-Architektur des Hawa Mahal, des ‹Palasts der Winde›, eigens für die Hofdamen errichtet, die ungesehen das Straßenleben beobachten wollten. Benachbart liegt das Freiluft-Observatorium Jantar Mantar, mit seinen gemauerten Instrumenten erstreckt sich mit Bauten, Gärten und Teichen der Komplex des City Palace, heute teils noch Maharaja-Wohnsitz, teils opulentes Museum.

Jaipur gilt weltweit als ein Hauptzentrum zur Verarbeitung kleinerer Diamanten. Lassen Sie sich von Schleppern in den Südosten der Altstadt zu den Elefantenquartieren und zu den Edelsteinschleifern führen, dort ist unverfälscht traditionelles Indien zu erleben. Auch das Central Museum (Albert Hall) im Ram Niwas Garden ist zu empfehlen, über die Mirza Ismail Road (M.I.Road) zu erreichen, und der weiter südlich gelegene moderne Lakshmi Narayan Temple, eine marmorweiße Stiftung von Jains, in der man auch Statuen von Konfuzius, Zarathustra, Zeus und Franz von Assisi findet (Taxi!).

Schönste Stätten liegen rings um Jaipur: der Palast von Amber, einer der prächtigsten ganz Indiens, das jüngst renovierte Pilgerzentrum Galta in steiler Bergschlucht, die Marmor-Chattris der Maharajas in Gaitor, das Heritage-Hotel «Samode», ein Juwel in Bergwildnis (42 km nördlich). Freunde handgedruckter Papiere und Stoffe fahren nach Sanganer (16 km südlich).

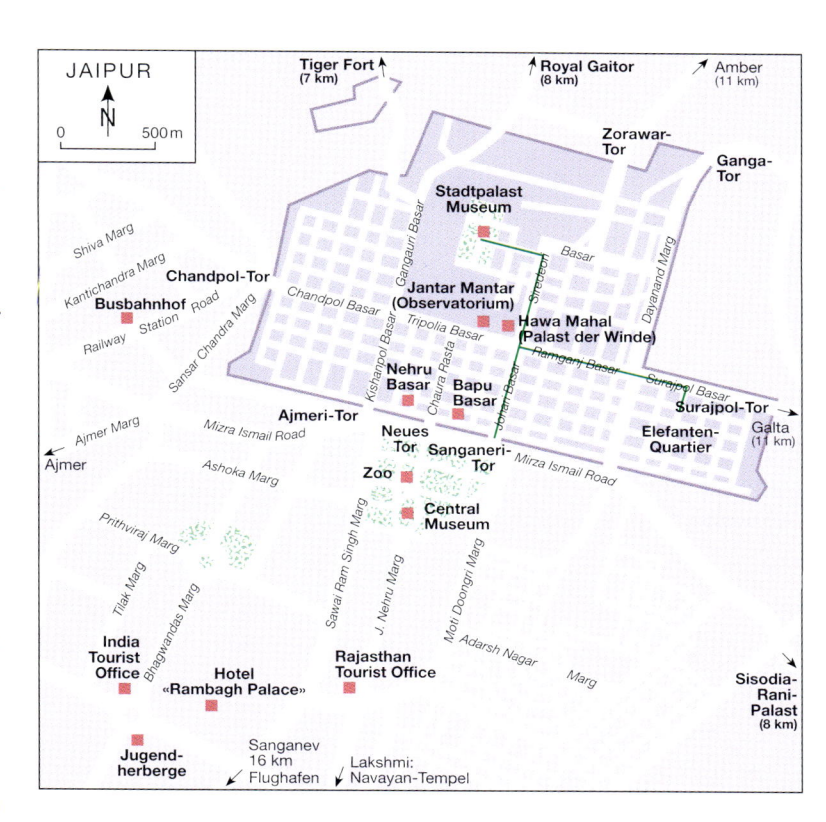

Zaungäste beim Holifest im März.

Auskunft

In Deutschland:
Indisches Fremdenverkehrsamt,
Baseler Straße 48, 60329 Frankfurt/Main, Tel. 069/24 29 49-0,
Fax 069/24 29 49 27 7,
via Internet erreichbar unter der
e-mail Adresse:
info@india-tourism.com
Indische Botschaft, Pohlstraße 20,
10785 Berlin, Tel. 030/485 3002,
Fax 030/485 3000

In Österreich:
Indische Botschaft, Kärntnerring 2,
1015 Wien, Tel. 01/5 0586 66-0, Fax
01/5 05 02 19

In der Schweiz:
Indische Botschaft, Effingerstraße
45, 3008 Bern, Tel. 031/35 11 10,
Fax 031/3 51 15 57

Baden

Die beliebtesten und schönsten Strände finden sich in Goa und Kerala sowie in Diu. Noch weithin unerschlossen sind allerdings die kilometerlangen Strände von Maharashtra, Andhra Pradesh und Orissa.

Banken

Geldwechsel am besten bei der State Bank of India oder anderen großen Banken, manche regionalen haben keine «Change»-Schalter. In Hotels ist der Kurs ungünstiger. Vorsichtshalber fragen, ob «Commission» gefordert wird!

Die Paßstraße von Srinagar nach Leh schlängelt sich durch den Himalaya.

Die letzten Nomaden Indiens, die Rabari, mit ihren Kamelen in der Salzwüste Rann of Kutch.

Einkaufen

Geöffnet wird zwischen 8 und 10 Uhr, die Mittagsruhe beginnt zwischen 12 und 13 Uhr und dauert bis 16 oder 17 Uhr, viele Ladentüren bleiben dann bis 20 Uhr oder länger offen.

Ein- und Ausreise

Reisepaß (noch mindestens ein Jahr gültig) und Visum sind erforderlich, das Antragsformular erhält man bei der Visa-Abteilung der indischen Botschaften. Das Ausstellen des Visums kann oft dauern: Es empfiehlt sich, den Antrag etwa acht Wochen vor Reiseantritt zu stellen. Spätestens 72 Stunden vor dem Heimflug sollte man den Flug von der Fluggesellschaft bestätigen lassen.

Elektrizität

Indien hat ein 220-Volt-Netz. Für die von der deutschen Norm meist abweichenden Steckdosen erhält man Adapter.

Fortbewegung im Land

Auto: Der Leihwagen mit Fahrer ist das komfortabelste Verkehrsmittel, nur langjährig in Indien lebende Europäer steuern dort selbst ihren Wagen. Erkundigen Sie sich nach einer zuverlässigen Agentur, mit gut englisch sprechenden Fahrern.

Taxi: Neben dem normalen Wagen sind zahllose Threewheeler und Fahrrad-Rikschas im Einsatz. Wo ein Taxameter vorhanden ist, sollte er eingeschaltet, andernfalls bei Fahrtbeginn der Preis ausge-

Bus: Die Überlandbusse sind oft schneller als die Bahn, meist überfüllt und häufig ein unvergeßliches Erlebnis.

Flugzeug: Die Konkurrenz der nationalen Linie Indian Airlines mit neuen privaten Linien (z.B. Jet Airways) hat Pünktlichkeit und Service verbessert, die Preise sind jedoch ebenfalls gestiegen.

Fotografieren

Indien ist ein Traumland für Fotografen. Fotografieren Sie aber nicht Betende in Tempeln oder die Totenverbrennung in Varanasi. Verboten ist wie überall das Fotografieren militärischer Anlagen. Frauen wünschen oft nicht fotografiert zu werden. Pittoreske InderInnen verlangen fürs Geknipstwerden gelegentlich Honorar.

handelt werden (erkundigen Sie sich im Hotel vorher nach den üblichen Preisen!).

Bahn: Das größte Schienennetz Asiens (über 60 000 Kilometer), vergleichsweise sehr günstige Preise (für Ausländer gibt es den Indrail-Paß), und neuerdings auch mehr schnelle Express-, wenn auch keine Hochgeschwindigkeitszüge machen die Bahn zu einem empfehlenswerten Verkehrsmittel für nicht allzu eilige (und abenteuerlustige) Reisende. «Trains at a Glance» ist ein nützliches Infoheft für Fernverbindungen. Viele Bahnhöfe haben spezielle Schalter, wo Frauen und ausländische Touristen schneller abgefertigt werden und sich nicht in die oft langen Schlangen einreihen müssen. Platzreservierung ist immer zu empfehlen. Im Eisenbahnabteil lernt man auch Inder und das indische Leben kennen.

Vorhängeschlösser fürs Reisegepäck (oben). Dinner im Luxuszug Royal Orient (Mitte). Der Toy Train in Darjeeling bewältigt auf 87 Kilometern 2700 Höhenmeter (rechts).

Zwei Mädchen in der farbenfrohen Kleidung Gujarats an einem Dorfbrunnen.

Gesundheitsvorsorge

Impfungen müssen nicht nachgewiesen werden, mit einer Ausnahme allerdings: Reisende aus Gelbfiebergebieten müssen Impfschutz gegen Gelbfieber haben.

Zur sinnvollen Reisevorbereitung können eine Impfung gegen die asiatische Enzephalitis und eine Malariavorsorge gehören – am besten, Sie erkundigen sich in einem deutschen Tropeninstitut nach den aktuellen Empfehlungen für Ihr Reisegebiet.

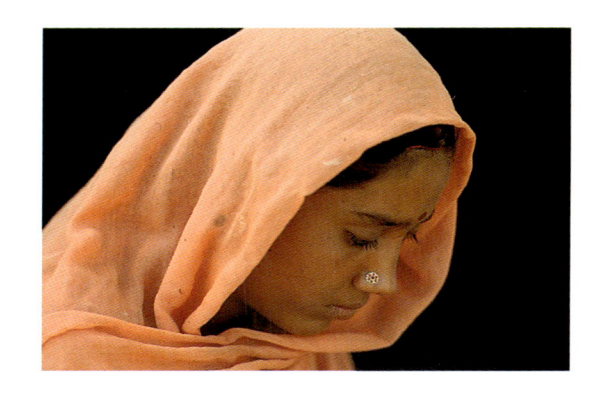

Kultur, Natur und Sandstrandträume

Drei Indienrouten für Genießer

Mit Bussen und Bahnen lassen sich die meisten, aber doch nicht alle Ziele erreichen. Entlegene Tempel und Bergforts sind nur mit Taxi oder Leihwagen anzusteuern – und für den Leihwagen entscheidet sich ohnehin jeder, der auf komfortables Reisen ohne Wartezeiten wert legt. Für jede der Basistour braucht man mit dem Wagen – ohne sich beeilen zu müssen – etwa eine Woche.

Mogulkaiser Akbar unterlag. Mit einem kleinen Abstecher ist das Kunsthandwerkerdorf Molela zu erreichen (siehe S. 114/115). Den Krishna-Tempel in Nathdwara mit seinem schwarzen Idol darf man nur barfuß betreten. Großartig und mindestens einen eintägigen Aufenthalt wert ist die Bergfeste Kumbalgarh aus dem 15. Jahrhundert. Komfortable Unterkunft bei der Burg wird angeboten, auch

In den Jain-Tempeln im Fort von Jaisalmer sind wertvolle Kunstschätze zu sehen.

Das Victoria Memorial im Parkgelände Maidan in Kalkutta wurde 1921 eingeweiht.

1. Durchs grüne Rajasthan und seine Wüste

Die Reise führt ins ländliche Rajasthan, in ein arkadisches Hügelland südlich der Wüste Thar. Von der Maharaja-Stadt Udaipur und ihren Seen kommt man zuerst zu den Eklingji-Tempeln und nach Haldi Ghati, wo Maharana Pratap von Mewar im Jahre 1576 dem

Dorfsafaris zu den Bhils, einem Adivasi-Stamm. Zum Höhepunkt der Tour wird Ranakpur mit seinem Jain-Tempel, einem Wunderwerk der Steinschnitzkunst. Das nahe ‹Maharani Bagh Orchard Retreat› ist eines der angenehmsten Bungalowhotels Indiens. Nächste Stationen können Bera (mit Leopardenpirsch im Jeep)

oder der Landsitz Rohet Garh beim Dorf Rohat sein. Am Ziel Jodhpur warten ein riesiges Fort und der ähnlich gigantische Palast, Märkte und Antiquitäten (rund 300 km). Die große Rajasthan-Tour durch die Wüste Thar führt weiter über Jaisalmer nach Bikaner, bei Churu ins Shekawati-Land der ‹gemalten Städte› und in großem Bogen südwärts über Jaipur und mehrere Nationalparks nach Bundi und Kota und über Chittorgarh zurück nach Udaipur (zusätzlich rund 2000 km).

2. Buddhas Spuren im Osten

Von Varanasi nach Patna reist man die längste Strecke, gut 200 km, auf der vielbefahrenen ‹Great Trunk Road› der Nationalstraße Nr. 2 Richtung Kalkutta. Um so stiller und friedlicher erlebt man mit etwas Glück die geheiligten Plätze, an denen Buddha meditierte und wirkte: Sarnath, einen Vorort von Varanasi, und Bodhgaya. Abdrücke seiner Füße werden dort in einer Steinplatte gezeigt, an der Stelle, wo Buddha Erleuchtung fand. Bodhgaya eignet sich mit seinem Parkgrün gut für einen Aufenthalt, aber auch nach Rajgir mit Buddhas Baumpark Venuvana und zur Ausgrabungsstätte von

Leuchtende Saris am Golden Beach.

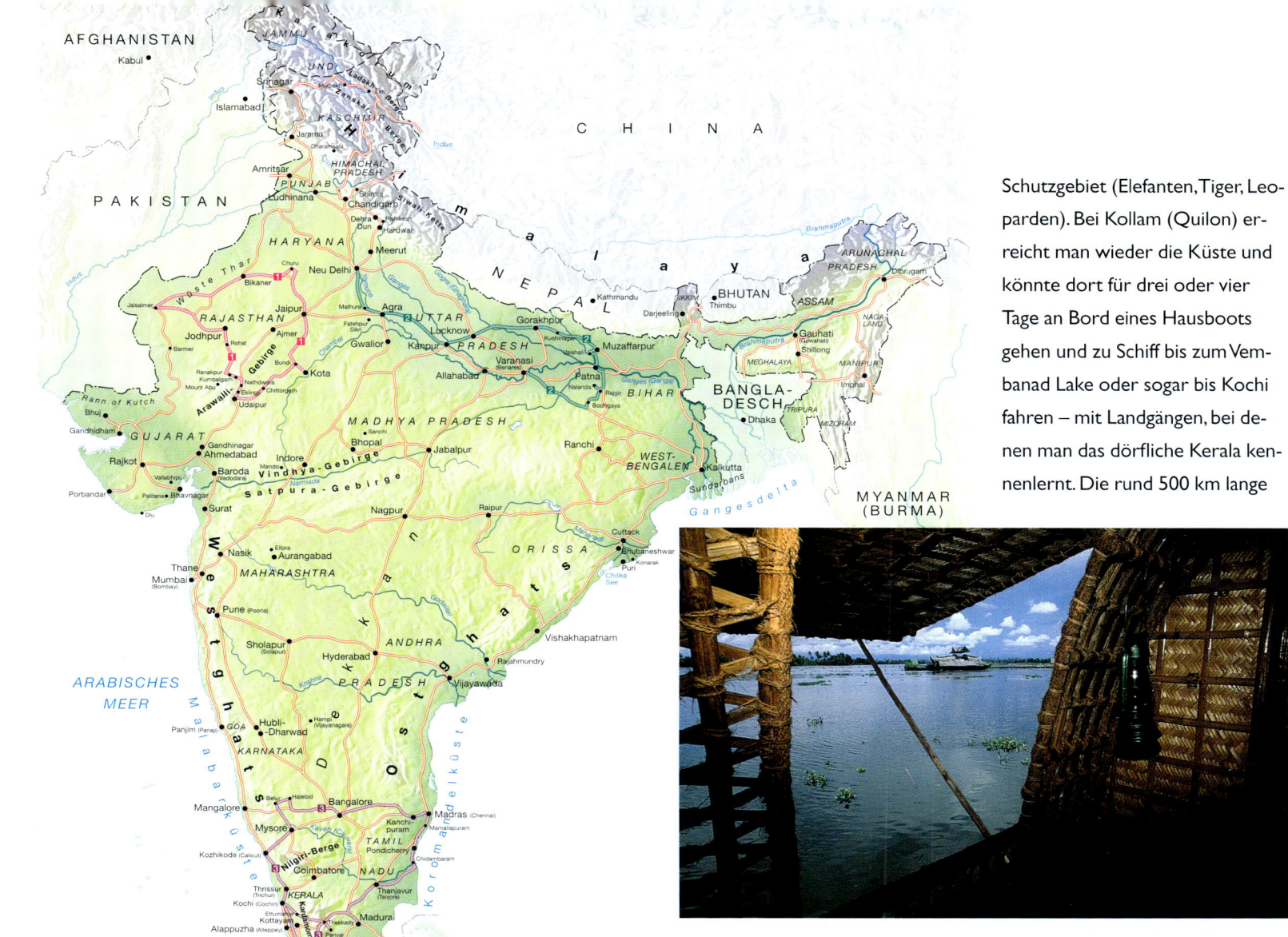

Schutzgebiet (Elefanten, Tiger, Leoparden). Bei Kollam (Quilon) erreicht man wieder die Küste und könnte dort für drei oder vier Tage an Bord eines Hausboots gehen und zu Schiff bis zum Vembanad Lake oder sogar bis Kochi fahren – mit Landgängen, bei denen man das dörfliche Kerala kennenlernt. Die rund 500 km lange

Ehemals wichtigste Transportader Keralas: die Backwaters.

Nalanda, der einstigen großen buddhistischen Universität, möchte man fahren, immer nordwärts wieder auf den Ganges zu. Noch weiter Richtung Himalaya, in Vaishali, sind inmitten von Bananen- und Mangohainen mehrere Stupas, ein Ashoka-Löwensymbol und ein großes Shiva-Lingam zu bewundern (500 km). Von dort kann man nach Patna zurückkehren und die Tour beenden (Bahn- und Flugverbindungen). Oder man reist noch bis Kushinagar, Buddhas Todesort, und von dort über Lucknow nach Agra, Fatehpur Sikri, Mathura und Delhi (zusätzlich rund 1200 km).

3. Zauber des tiefen Südens
Eine Rundfahrt zwischen dem Arabischen Meer und den bis zu Zweitausender-Höhen ansteigenden Kardamom-Bergen läßt tropische Wälder und herrliche Strände erleben – der berühmteste Strand ist zweifellos Kovalam

Teeplantagen in den Nilgiri-Bergen.

Beach mit seinen zwei traumhaften Buchten –, Kokospalmen- und Cashewnuß-Plantagen, auch Erinnerungen an die europäischen Händler und Kolonialherren in den Hafenstädten, allen voran in Kochi (Cochin), dazu noch das Elefantenschutzgebiet am Periyar Lake und schließlich die Verlockung zu einer Hausboot-Tour auf den ‹Backwaters›. Zum Start- und Endpunkt der Reise ist Kochi mit seinen Flugverbindungen prädestiniert. Von Kochi führen schöne Straßen landeinwärts über Ettumanur nach Thekkady zum Periyar Wildlife Sanctuary, Südindiens landschaftlich wohl schönstem

Route erweitert sich zur großen Südindien-Tour, wenn man vom Periyar Lake aus zu den Tempelstätten Tamil Nadus reist. Madurai mit dem zentralen Minakshi-Tempel, die Chola-Hauptstadt Thanjavur mit dem Brihadishvara-Tempel, etwa 100 km weiter Chidambaram mit der ‹Goldenen Halle› im Nataraja-Tempel, 60 km südlich von Chennai der Traum jedes Reisenden: In Mamallapuram steht Südindiens einziger Strandtempel direkt am kilometerlangen feinsandigen Strand. Zurück geht es über Karnataka mit Bangalore, Halebid/Belur und Mysore (insgesamt etwa 2.500 km).

153

Mit Kindern unterwegs

Kinder sind in Indien stets willkommen, aber spezielle Einrichtungen zur Kinderbetreuung oder -unterhaltung haben meist nur Feriendörfer und große Hotels. Für nicht ganz kleine Kinder ist Indien trotzdem ein Erlebnis; Ermäßigungen in Hotels, in der Eisenbahn etc. sind üblich.

Sari-Geschäft in Bangalore.

Museen

Die Öffnungszeiten der Museen variieren zwischen 8 und 10 und 16 und 18 Uhr, mit einer manchmal mehrstündigen Mittagsruhe. Häufig ist der Montag Ruhetag.

Post

Postämter sind meist Montag bis Freitag von 10 bis 17 Uhr geöffnet, Samstag 10 bis 13 Uhr. Briefe oder Karten nach Europa brauchen etwa ein bis zwei Wochen. Man kann Briefe postlagernd (poste restante) empfangen. Wegen des ziemlich umständlichen Vorgangs, ein Paket aufzugeben, versendet man möglichst Päckchen (bis 2 Kilogramm).

Souvenirs

Die Auswahl an Mitbringseln ist fürstlich und diese sind oft sehr preiswert. Das trifft für Kunsthandwerk wie für Textilien und schöne Papiere zu. Wer hochwertige Seiden, Teppiche und Juwelen heimbringen will, wird aber auch mit hartnäckigem Handeln den Verkäufer nicht um seine Preisspanne bringen. Zu dessen Unkosten gehört die Provision für Schlepper, die ihm Kunden zuführen – und für den Touristen lästig werden können.

Sport

Der Indienurlaub wird sportlicher – neben Reiten auf Pferden und Kamelen, neben Trekking, Surfen und Rafting wird an immer mehr Plätzen auch Felsklettern, Skifahren, Ballonfahren und Gleitschirmfliegen angeboten. Golfer finden fabulös schöne Plätze.

Warten auf Kundschaft in Gwalior.

Teeplantagen bei Munnar in den Kardamom-Bergen Keralas.

Telefonieren/ E-Mail

War es früher mühsam, in Indien zu telefonieren, so gibt es heute zumindest in den Städten private Telefon-und-Fax-Agenturen für bequeme und preisgünstige nationale und internationale Telekommunikation. In Internet-Cafés versendet man auch E-Mails und aktiviert die eigene Hotmail-Adresse.

Trinkgeld

Zehn Prozent sind in Restaurants und Taxis angemessen, auch wer bei Gepäck oder Zimmerservice hilft, sollte einen Rupienschein be-

Das Kricket-Spiel – hier in Bombay – haben die Briten hinterlassen.

denen manche auch zu erschwinglichen Preisen gebucht werden können, ebenso die Hausboote von Kerala und Kaschmir. Moderne indische Paläste bauen die großen Hotelketten Oberoi, Taj Group, Welcom Group und die jüngere, mit Kempinski zusammenarbeitende Leelaventure-Group. Kontakt mit indischen Familien bekommt man im »Paying Guest«-Quartier in Privatwohnungen.

Währung

Die indische Währung ist die Indian Rupee (R), unterteilt in 100 Paise (p). Ihr Wert sinkt mittlerweile nicht mehr inflationär. Die Rupie ist begrenzt konvertierbar, ihre Ein- und Ausfuhr sind nicht gestattet. In großen Städten sind Kreditkarten und Reiseschecks der großen Anbieter üblich.

Zoll

Persönliche Gegenstände sind zollfrei, dazu zählen auch 200 Zigaretten, eine angemessene Menge Parfüm und zwei Liter Spirituosen über 22 Prozent sowie Waren im Wert von etwa 500 DM als Geschenk oder zum eigenen Gebrauch. Verboten ist ohne Sondergenehmigung die Ausfuhr von Antiquitäten – als solche gelten Gegenstände, die über 100 Jahre alt sind. Nach Deutschland dürfen Waren im Gesamtwert von 350 DM eingeführt werden, darunter zum Beispiel 100 Gramm Tee, 50 Gramm Parfüm, 100 Zigaretten, 1 Liter Spirituosen.

Relief der Ganga in Konarak.

Leider noch viel zu selten: Schulunterricht für Mädchen.

kommen, gestaffelt nach dem Hotelpreisniveau – oft die Haupteinnahmequelle des Personals.

Unterkunft

Vom Fünf-Sterne-Luxus im Tausendundeine-Nacht-Ambiente bis zum «Dormitory» (Schlafsaal) für den sparsamen Rucksacktouristen in der sehr schlichten Herberge wird alles geboten. Spezialitäten sind die «Heritage»-Hotels – Paläste ehemaliger Maharajas und Havelis, die kostbaren Stadthäuser reicher Kaufleute –, von

Menschen, Orte, Begriffe

Kursive Seitenzahlen verweisen auf Abbildungen, farbige Quadrate und fett gedruckte Seitenzahlen auf Specials, farbige Balken auf Spotlights.

Menschen

Adivasi (Ureinwohner) 35, 136, 147, 152
Akbar der Große, Großmogul, Kaiser 36, 52, 53, 62 f., 100, 152
Alexander der Große 28, 36
Ambedkar, Bhimrao Ramji 35
Aryas 36, 125
Ashoka, Kaiser 36, 53, 101, 110, 124
Aurangzeb, Großmogul 36, 53

Ambulanter Handlinienleser.

Bhagwan Shree Rajneesh 99
Bishnoi 72, *72*
Buddha (Siddharta Gautama) 36, *90* 110, *148*, 152 f.

Chandragupta 36
Clive, Robert 37, 131
Collins, Larry 44
Curzon, Lord, britischer Vizekönig 108

Dalai Lama 59
Devi, Phoolan 38

Gandhi, Indira 36, *37*, 38, 79
Gandhi, Mahatma (Mohandas Karamchand) 35, 37, *37*, 50, 85, 135, 148
George V., König 37, 92
■ Großmoguln **53**, 60-63

Hastings, Warren 37

Jahangir, Großmogul 53, 62

Kuby, Clemens 136

Lapierre, Dominique 44 f.
Le Corbusier 59

■ Maharajas **78 f.**, *79*
Mahavira 36
Marco Polo 125
Mountbatten, Louis Earl Lord 45, 50
Mumtaz Mahal 60

Nanak, Guru 64
Narayanan, Kocheril Raman 35
Nawabs von Avadh (Oudh) 59
Nehru, Jawaharlal 29, 37, *37*, 38, 131

Prasad, Rajenda 50

Rabari 28, *29*, *150 f.*
Raghuraj von Rewah, Maharaja *27*
Ray, Satyajit 97
Roy, Arundhati 29
Roy, Raja Ram Mohan 109

■ Sadhus 66, 89 f., *89 f.*, *148*
Salim Chisti, Shaik *59 f.*, 62
Sen, Mrinal 97
Shah Jahan, Großmogul 8, 36, 52, 53, 60 f., 62
Shankar, Ravi 105
Shivaji, Fürst 36, 99

– Tagore, Rabindranath 85, 108, 110, *110*, **111**
Tamerlan (Timur Lenk) 36

Mit ihren Opfergaben ziehen diese Frauen beim Pongalfest zum Tempel.

Tata, Jamjetsi 92
Thomas, Apostel 36

Vajpayee, Atal Bihari *36*
Vasco da Gama 36
Victoria, Königin 37, 108, 109
Vivekananda, Swami 135

Orte und Begriffe

Agra *59*, 62, 153
– Taj Mahal *8 f.*, 36, *59*, 60 f.
Ahmedabad 85
Alaknanda 66
Alappuzha (Alleppey) *16*
Amarnath *64*
Amritsar, Goldener Tempel *54 f.*, *59*, 64
Analphabetismus 16, 58, 100, 109, 135

Andhra Pradesh 131, 136, 150
Arabisches Meer 85, 93, 122, 146, 153
Arawalli 72, 80
Armut 19, 43-45, 109
Arunachal Pradesh 117, 146
Asi 66
Assam 117
Aurangabad 99
■ Ayurveda **128 f.**, 138

Backwaters 29, *124*, *132 f.*, 135, *144*, 153, *153*
Bada Bagh 74
Bangalore *44 f.*, 122, 138, 153
Bengalen 106, 108
Betwa *92*
Bevölkerung 57, 147
Bhagirati 66
Bhavnagar 85
Bhopal 100, *101*
Bhubaneshwar *106*, *108*, 117

Bunte Farbpulver warten auf Käufer.

Ein Händler am Marina Beach bietet eine große Auswahl an Flöten.

Bhuj 73, 86
Bihar 109, 148
Bikaner 72, 75, *80*, 152
Bodhgaya 110, 148, 152
Bootsfahrten 29
Brahmaputra 66, 106, *108*, 146
British East India Company 36, 90, 131
Bundi 80, 81, 152
Bundi-Malschule 81

Chambal 80, 81
Chandigar 53, 59
Chattris (Totenmale) 74, *86*, 149
Chauhan-Fort 81
Chennai (Madras) 96, *97*, 122, 137
Churi Ayitghar *30*
Churu *76 f.*, 152

Dal-See *15*, 53, *63*
Darjeeling 116-118, *118 f.*, 144, 151
Dekkan 98, 125, 146
Delhi 36, 48, 50-53, *51 f.*, 148, 153
– Chandni Chowk 51, *53*
– Connaught Place 51
– Gandhi-Denkmal 50
– Indira Gandhi Memorial Museum 50
– Jami Masjid *48*, *52*
– Nehru-Museum 50
– Qutbu'd Minar
– Rajpath (King's Way) 48
– Rashtrapati Bhavan 48
– Rotes Fort 48, *48*, 52,
– Tughlaqabad 5
Deshnok *83*

Dharamsala 59
Diu 85, 150

Ellora 90, 99, 100, *102 f.*

■ Familie **56 f.**
Fatehpur Sikri *58 f.*, 62 f., 153
Fauna *38*, 70 f., 146 f., 153
– Affe 70
– Antilope 70
– Elefant 24 f., *27*, *38*, *70*, 78 f., *125*, 147, 153
– Gazelle 70
– Gnu 70
– Kuh *25*, 51 f.
– Leopard 153
– Pfau 147
■ - Tiger *38*, **70 f.**, *70 f.*, 147, 153
Feste, Feiertage *12*, *20 f.*, *43 f.*, 56, *56*, *57*, *58*, 66, *67*, *68 f.*, *88 f.*, *93*, *104 f.*, *120*, *136 f.*, *146*, 148
Flora 146 f., *146*
Frauen 29, 38, 42 f., 57, 109, 114

Ganganagar 75
Ganges (Ganga) *20 f.*, *50*, 52, *60*, 66, 75, 106, 109, 137 f., 146, 148, *154*
■ Geschichte **36 f.**, 90, 122–125, 130 f.
Ghats 98 f., 146
■ Glaubensgemeinschaften **22 f.**, 63 f., 147
– Bishnoi 72, *72*
– Buddhisten, Buddhismus 22, 35, *66*, 110, 147
– Christentum 22, 36, 132, *133*, 136, 147
– Gebetsmühlen (buddhistisch) *33*

– Granth Sahib (heiliges Buch der Sikhs) 64 f.
■ – Hinduisten, Hinduismus 22 f., 66, 85, 101, 110, 132, 136, 147, *36*, **88 f.**
– Jains, Jainismus 22, 147, *36*, 75, 85
– Muslime 22, 37, *63*, 136, 147
– Sikhs 22, 37, *49*, 51, 53, 64 f., 147

Jantar Mantar, das Freiluft-Observatorium von Jai Singh II. in Jaipur.

Goa 131-134, 150
– Velha Goa 132
Golf von Bengalen 110
■ Götter **22 f.**, *22 f.*
«Great Trunk Road» 152
Gujarat 75, 80, 85-87, 146, 148
Guwahati 108, 118
Gwalior *92*, 100, *101*

Hadaoti 80
Hampi (Vijayanagara) 125, 130, 138, *138 f.*
Harappa-Kultur 36, 85

Fürstliches Pracht-Schlafzimmer in Fatehpur im Shekaratigebiet.

Hardwar *20 f.*, 66
Haryana 53, 58
Hausboot *14 f.*, 29, *62 f.*, *144*, 145, 153, 155
Haveli 30, 72, 81, *128*, 155
Himachal Pradesh 53, 58, 59, 75, 147
Himalaya *33 f.*, 37, *50*, 53, 66, *118 f.*, 146 f., 150

– Hill Stations 53, 147
Hyderabad *27*, 122, *124*, 138
– Afzul Gury-Brücke *27*

Impfungen 151
Indischer Ozean 106, 146
Indus 36 f., 52, 59, 72, 146
Industrie 81, 136

Jaipur 74, 78, 82, 149, *149*, 152
– Central Museum (Albert Hall) 149
– City Palace (Museum) 66, 149
– Pink City *28 f.*, 149
Jaisalmer *13*, *30*, 72, 74, *86 f.*, 152, *152*
Jammu & Kaschmir 53, 59
Jhelum *62*
Jodhpur *30*, 72, 74, *75*, 79, 83, 152
Junagadh 85, *86*

Kalkutta 36, 50, 96, 106-109, *111*, *147*, 152
– Howrah Railway Station 106
– Howrah Bridge 106, *108*
– Indian Museum 108
– Victoria Memorial 108, *109*, *152*
Kanchenjunga *33 f.*, 146
Kap Kanyakumari (Kap Comorin) 135, 146

157

Karnataka 44, 125, 131, 136, 138, 153
Kaschmir 37, *50*, 58, 64, *65*, 147
Kasten 34 f., 38
- ■ – Unberührbare (Haryans) 35, **35**, *74*
- – Kastenlose 35, 136, 147, 152
Kerala *16*, 19, 90, 122, 126, 131, *133*, 135 f., 150, 153, *154 f.*
Khajuraho *100*, 101, 102, *102 f.*, 105
Klima 146-148
Kochi (Cochin) 124, 135, 153
Kollam (Quilon) 153
Kolonialzeit 36 f., 45, 50, 79, 90, 98, 108 f., 131, 153
Konarak 36, 106, *107*, 110, 117, 155
Kota 80 f., 152
Kozhikode 122, 124
- ■ Küche 15, 66, *66*, **120 f.**
- ■ Kunst, Kunsthandwerk 46, *74*, *78*, 81, *84*, *85*, 90, 100 f., **114 f.**, 152, 154
Kushinagar 153

Ladakh 59, 66, 147
Landwirtschaft 34, *62 f.*, 75, 100, *100*, 116 f., *116 f.*, 135, *138 f.*, 153 f.
- – ‹Grüne Revolution› 34, 75
Leh 59, 150
Literatur 16, 36
- – Bhagavadgita 16
- – Mahabharata 16, 36, 52
- – Ramayana 16, 66, 79
Lucknow 59, 153

Madhya Pradesh 98, 100
Madurai *126 f.*, 138, *142 f.*, 153
Maharashtra 98, 100, 150
Mamallapuram (Mahabalipuram) 137, *139*, 153
Mani-Steine 59, *66 f.*
Mount Abu *82 f.*
- – Dilwara-Tempel *83*

Flötenspieler auf einem Fest in Jodhpur.

Eine Bishnoi-Frau mit ihrer Tochter in typischer Kleidung.

Mumbai (Bombay) 36, 37, *45*, 74, 90-93, *91*, *92*, *93*, 96, *98*, 148
- ■ – Bollywood 93, **96 f.**
- – Chor's Basar 92 f.
- – Chowpatty Beach 92
- – Crawford Market 92
- – Gateway of India 92
- – Prince of Wales-Museum 93
- – Victoria Station *98*
- ■ Musik **104 f.**
Mysore 46, *46 f.*, *78*, *79*, 131, 138, 153

Nagaur *80*
Narmada 29
Nationalparks 19, *38*, 117, 145, 147
- – «Desert National Park» 74
- – ■ «Project Tiger» 19, **70 f.**, 147
- – «Tiger Sanctuaries» 24, 38, 70 f., 106
- – «Wildlife Sanctuaries» 19, 117, 135, 147, 153

Orissa 106, 114, 117, 150
Orcha *94 f.*

Pahalgam 64
Palitana *75*, 85
Panjim 132
Patna 109, 153
Pondicherry 131
Porbandar 85
Pune 99
Punjab *51*, 52, 53, 58, 59, 75, 146
Puri *112 f.*, 114, 117

In der heiligen Stadt Pushkar.

Pushkar 80, 82
Rajasthan *12*, *43*, 72–75, 80–83, 86, 114, 147, 151, 152
Rann of Kutch 28, 85, 148, *150 f.*
■ Reiserouten **152 f.**
Rishikesh *50*, 66

Sabarmati 85
Sahyadri 132
Sanchi 101
Sanganer 149
■ Sari **28**, *40 f.*, *154*
Shekawati *31*, *74 ff.*, 82, 152
Shillong 109, *118*
Sikkim *33 f.*, 117
Sport 59, *125*, 154

Sprachen 15 f., 136, 147
Staudämme 29, 75
Strände *17*, *122 f.*, 136 f., 150
Surat (Gujarat) 36

Tamil Nadu 122, 131, 136, *136*, 153
■ Tanz 35, **104 f.**
Thanjavur 122, 124, 138
Thar, Wüste 72, 74 f., 146 f., 152
Thiruvananthapuram (Trivandrum) 122, 130
Trichinopoly *27*
■ Turban *51*, **65**, *72*

Udaipur *83*, 115, 152
Umweltschutz 29, 132, 134
■ Unterkunft **144 f.**, 155
■ «Green Magic Nature Resort» *39*, **126**, 144 f.

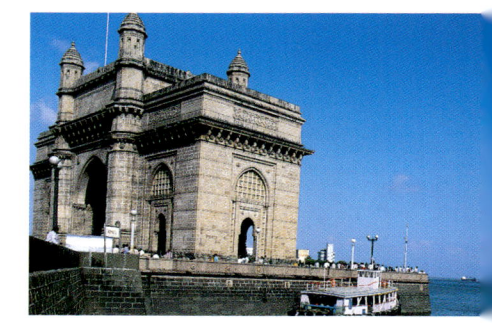

Das «Gateway of India» am Hafenkai von Mum[bai]

Uttar Pradesh 19, 53, 58 f.
Varanasi (Benares) *50*, 53, 60, 66, *79*, 151 f.
Varna 66
Velha Goa 132
Verbrennungsstätten *60 f.*, 67, 151

«Wild Life Protection Act» 71
Witwenverbrennung (Sati) 37, 38, 109
Wirtschaft 30, 34, 45

Yamuna *20*, 52, 60
Yoga 129

Zanskar 59, *67*, *68 f.*

Eine moderne Devadasi, eine Tempeltänzerin, vor der berühmten Anlage von Khajuraho mit ihren Tausenden von erotischen Skulpturen.

Bildnachweis und Impressum

Der Fotograf:
Johann Scheibner ist Mitglied der Essener Agentur Das Fotoarchiv. Er fotografiert für zahlreiche Zeitschriften und Illustrierten.

Die Autoren:
Edda und Michael Neumann-Adrian, Historiker und Publizisten mit zahlreichen Veröffentlichungen über Reiseländer Europas und Asiens, sind seit Jahrzehnten immer wieder in Indien unterwegs und schrieben mehrere Bücher über ihr «Traumland» – unter anderen «Rajasthan» im C.J. Bucher Verlag sowie jüngst mehrere Artikel in der Zeitschrift «DAO». Sie leben am Starnberger See bei München.

Einbandfotos:
Vorderseite: Frau aus Kerala (links), zur Prozession geschmückter Arbeitselefant in Südindien (rechts).
Rückseite: Der Goldene Tempel in Amritsar.

Vorsatz: Der Gott Karttikeya auf einem Tempelrelief.

S. 1: Banjar-Frau aus Rajasthan,
S. 3: Opfergaben-Blume (oben), Tempelfest bei Kochi, Kerala (unten).

Textnachweis

Der Text von Hermann Hesse auf S. 10 wurde entnommen aus der Ausgabe Hermann Hesse: «Kleine Freuden. Kurze Prosa aus dem Nachlaß», Suhrkamp Verlag, Frankfurt/M. 1977.

Bildnachweis

Bildarchiv Preussischer Kulturbesitz, Berlin: S. 36 r., 37 u.r., 46 M.l., 70 o.r., 79 M.u.

Bilderberg, Hamburg: S. 11 u.r. (P. Mondhe), 70 o.l. (J. Agarwal), 72 o. (kleines Bild, H. Mahidhar), 120 (o.A.), 129 u. (N. Baumgartl)

Bilderdienst Süddeutscher Verlag, München: S. 36 u. (ap) und o.l. (B. Werek), S. 37 o. (Scherl)

Freie Film Kritik, Köln: S. 96 r., 97 u. (2)

Dr. Michael Hannwacker, München: S. 10 M. (kleines Bild), 13, 85 u., 144 l. (3)

Diawelt Olaf Krüger, Rottenburg: S. 20/21, 39, 70 o., 144 r., 154/155

laif, Köln: S. 1 (W. Gartung), 12 u., 35 u.l., 120 u., 121 o. (2), u.l. (G. Huber), M. (A. Neumann) und r.u. (M. Riehle)

Manfred Pelz, Berlin: S. 88 2.v.o.l. und u., 89 o. (2)

Sammlung Dietmar Siegert, München: S. 26 (4), 27 (2)

Dieter Zingel, Wiesbaden: S. 38 M.

Die restlichen Abbildungen stammen von Johann Scheibner, Berlin.

Alle Karten dieses Bandes zeichnete Annette Hermes, Kartographie Hermes, Göttingen.

Die meteorologischen Daten der Klimatabellen auf den Seiten 146 und 147 stammen vom Deutschen Wetterdienst in Hamburg.

Wir danken allen Rechteinhabern und Verlagen für die Erlaubnis zu Nachdruck und Abbildung. Trotz intensiver Bemühungen war es nicht möglich, alle Rechteinhaber zu ermitteln. Wir bitten diese, sich an den Verlag zu wenden.

Alle Angaben dieses Bandes wurden von den Autoren sorgfältig recherchiert und vom Verlag auf Stimmigkeit und Aktualität geprüft. Allerdings kann keine Haftung für die Richtigkeit der Informationen übernommen werden. Für Hinweise und Anregungen sind wir dankbar. Zuschriften an den C.J. Bucher Verlag GmbH & Co. KG, Lektorat, Goethestraße 43, 80336 München.

Indien · Bucher Global

Konzeption: BUCH UND BILD Verlagsservice Axel Schenck
Lektorat: Dorothea Steinbacher
Bildgestaltung: Joachim Hellmuth
Bilddokumentation: Susanne Schauer
Graphische Konzeption: Michael Keller
Graphische Gestaltung: BuchHaus Robert Gigler GmbH, München
Herstellung: Angelika Kerscher, Gabriele Kutscha

Technische Produktion: Fotolito Longo, I-Bozen.

© 2000 by C.J. Bucher Verlag GmbH & Co. KG, München
Alle Rechte vorbehalten
Printed and bound in Italy
ISBN 3-7658-1247-1